# Die Kraft der positiven Gefühle

# DIE KRAFT DER POSITIVEN GEFÜHLE

Kreativität
und Resilienz durch
geleitete Imaginationen

**Klaus W. Vopel**

iskopress

Klaus W. Vopel: Die Kraft der positiven Gefühle
ISBN 978-3-89403-469-6
1. Auflage 2014

Internet: www.iskopress.de

Covergestaltung: Mathias Hütter, Schwäbisch Gmünd
Druck: Strauss GmbH, Mörlenbach

Bibliografische Information der Deutschen Bibliothek
Die Deutsche Bibliothek verzeichnet diese Publikation
in der Deutschen Nationalbibliografie;
detaillierte bibliografische Daten sind im Internet
über http://dnb.ddb.de abrufbar.

# Inhalt

# Vorwort

Negative Gefühle sind ansteckend und wir begegnen ihnen leider überall. Sie schaden unserer Gesundheit. Ärger und Depression dringen in unseren Körper ein und belasten den ganzen Organismus. Ebenso negativ wirken sie sich auf unser Denken aus: Mit einer negativen Grundhaltung fällt es uns schwer, kreative Lösungen zu finden, und unser Leben erscheint uns anstrengend und langweilig. Niemand ist immun gegen eine negative Lebensperspektive und negative Gefühle sind ansteckend.

Verglichen mit den negativen Gefühlen erscheinen uns unsere positiven Gefühle zart und zerbrechlich. Ja, wir bemerken sie oft kaum. Natürlich können wir positive Gefühle nicht auf Knopfdruck anschalten nach dem Motto: Don´t worry, be happy! So einfach stellt sich eine positive Lebensperspektive nicht ein, denn dazu gehören nicht nur die klassischen positiven Gefühle wie Achtung und Liebe, Humor und Freude, Hoffnung und Dankbarkeit, sondern auch eine positive Einstellung und optimistische Haltung. Gemeinsam bewirken sie, dass sich unser Geist öffnet, dass sich unser Körper entspannt und unser Herz weit wird. Und schließlich wirkt sich eine positive Lebensperspektive langfristig auf unsere Persönlichkeit, auf unsere Beziehungen und damit auch auf unsere Institutionen aus.

Neue wissenschaftliche Untersuchungen haben die große Bedeutung der positiven Gefühle herausgearbeitet. Es geht um viel mehr, als um unser Selbstwertgefühl. Es geht um unser Denken, um die Entwicklung unseres Gehirns, um den Stoffwechsel unseres Körpers und um unsere Widerstandskraft.

Positive Gefühle immunisieren uns zwar nicht gegen die Schwierigkeiten und Katastrophen des Lebens, aber sie helfen uns, damit umzugehen. Wir sind dann in der Lage, mit dem Stress des Lebens besser zurechtzukommen. Wie kommt das?

- Positive Gefühle sind angenehm. Sie machen es uns möglich, den Augenblick zu genießen und mit uns und der Welt zufrieden zu sein.
- Positive Gefühle verändern unsere Art zu denken. Dabei geht es nicht nur um die Inhalte unserer Gedanken. Unser Denken wird kreativer, alte Grenzen und Vorurteile lösen sich auf.

- Eine positive Lebensperspektive kann unsere Zukunft verändern. Auch wenn das einzelne Gefühl flüchtig und vergänglich ist, wirkt die Gesamtheit der positiven Gefühle nachhaltig. Unser Potenzial und unsere Talente können sich entfalten. Wir schlafen besser, wir entwickeln Achtsamkeit, sind optimistischer und widerstandsfähiger und unsere Beziehungen zu Familie und Freunden werden besser und stabiler.
- Positive Gefühle können negative Einflüsse neutralisieren. Wir kommen zur Ruhe, bauen Stress ab und entwickeln Widerstandskraft, indem wir z.B. aus Fehlern lernen und aus Niederlagen Anregungen ableiten.
- Positive Gefühle haben keine linearen Auswirkungen. Manchmal bewirkt eine kleine Veränderung eine große Entwicklung oder ein positives Gefühl entfaltet ganz unerwartet seine Wirkung.
- Unser Organismus hat die Fähigkeit, häufiger positive Gefühle zu erzeugen und zu einer zunehmend positiven Lebenseinstellung beizutragen.

Positive Gefühle spielen in Therapie und Pädagogik eine wichtige Rolle. Unsere Klienten möchten lernen, wie sie in ihrem Leben glücklicher und erfolgreicher werden können. Dabei kann dieses Buch helfen. Die Phantasiereisen und Trancen zeigen die Möglichkeiten, die uns eine positive Lebenseinstellung eröffnet: Sie stärkt unsere Widerstandskraft in Krisen, hilft uns, unsere Kontakte zu Familie und Freunden zu verbessern und unser Potenzial zu entfalten.

In der Vergangenheit beschäftigte sich die Psychologie vor allem mit den negativen Gefühlen, mit Depression, Aggression und Angst. Eine neue Generation von Psychologen wandte sich dann den positiven Gefühlen zu, wie Freude, Heiterkeit, Interesse, Liebe und Begeisterung. In diesem Zusammenhang ist die Arbeit von Barbara Fredrickson (Die Macht der guten Gefühle, Frankfurt/Main 2011) von besonderer Bedeutung. Sie beschreibt, wie die positiven Gefühle unseren Vorfahren in ihrem Überlebenskampf halfen und welchen Wert sie heute für unser Leben in einer temporeichen Konkurrenzgesellschaft besitzen: Positive Gefühle machen unser Denken schöpferischer. Sie steigern unsere mentale Energie und stabilisieren unsere Beziehungen. Sie können uns den Zugang zu einem sinnvollen, glücklichen und produktiven Leben eröffnen.

# Einleitung

Im Laufe unserer Evolution haben sich zwei Klassen von Gefühlen entwickelt: negative und positive. Die negativen Gefühle sind stark, situativ und stabil. Ihre Aufgabe ist es, uns vor Gefahren zu schützen und unser kostbares Leben zu bewahren. Auf der anderen Seite stehen die positiven Gefühle wie z.B. Liebe, Freude und Inspiration. Diese Gefühle sind flüchtig und wandelbar wie das Wetter. Sie verblassen schneller. Wir erleben sie im Augenblick. Dennoch können sie uns langfristig dienen. Sie schenken uns nicht nur Lebensfreude, sondern sie regen unsere Neugier an, unsere Lernbereitschaft und unsere Kreativität. Sie sorgen für eine persönliche und kollektive Entwicklung.

Wie können wir mehr positive Gefühle in unser Leben bringen? Diese Frage begleitet die Menschheit schon seit Langem. Und schon lange wissen wir, dass wir positive Gefühle nicht festhalten können. Ihre Natur ist vergänglich. Aber wir können dafür sorgen, dass wir häufiger positive Augenblicke erleben. Entscheidend ist das Verhältnis zwischen positiven und negativen Gefühlen. Damit wir unser Potenzial entfalten können, brauchen wir mehr positive als negative Gefühle. Dann können wir uns entwickeln, wir fühlen, dass es mit uns aufwärts geht, wir sind kreativ und unternehmungslustig. Dabei geht es nicht nur um unser persönliches Glück. Gute Gefühle helfen uns, in unserem Leben einen Sinn zu sehen. Wir verfolgen dann nicht nur unsere eigenen Interessen, sondern kümmern uns auch um andere und sorgen dafür, dass diese sich ebenfalls entfalten können.

Negative Gefühle führen dazu, dass wir unsere Grenzen enger ziehen und uns verschließen. Wir konzentrieren uns dann auf Selbstverteidigung und Abschottung. Ganz anders verhalten wir uns in einer positiven Gefühlslage. Dann öffnen wir uns, lassen unseren Geist schweifen und entdecken viele Optionen für unser Handeln. Wir nehmen Informationen von innen und außen leichter auf und sind kreativer. Diese Unterschiede gehen auch mit einem unterschiedlichen Zeithorizont einher. Negative Gefühle konzentrieren sich auf die Gegenwart, um eine Gefahr von uns abzuwenden. Positive Gefühle dagegen haben eine offene Zeitperspektive. Hier geht es darum, eigene Stärken und Fähigkeiten auszubauen, um unsere Chancen in der Zukunft zu nutzen.

Positive Gefühle fördern unsere Entwicklung, weil sie Herz und Geist öffnen. Positiv gestimmt sind wir in der Lage, uns selbst und die Welt um uns herum zu entdecken. Wir erwerben neue Kenntnisse und neue Skills. Im Gegensatz zu den eher sanften positiven Gefühlen sind die negativen Gefühle stark und laut, da sie ursprünglich der Gefahrenabwehr dienten. Leider vergessen wir leicht, sie wieder aufzulösen, wenn die Gefahr vorbei ist.

Nicht jeder fühlt sich berechtigt, mehr positive Gefühle in sein Leben zu bringen. Die protestantische Arbeitsethik z.B. lässt uns befürchten, dass die positiven Gefühle unsere Kraft zum Wettbewerb, unsere Erfolgsaussichten und unseren Arbeitseifer bedrohen könnten. Viele von uns haben daher gemischte Gefühle, was eine positive Lebensperspektive angeht. Wir möchten zwar glücklich sein, aber wir suchen das Glück hauptsächlich in äußeren Erfolgen, in unserem Einkommen und in unserem Besitz. Wenn es uns um eine positive Einstellung geht, müssen wir jedoch nach innen blicken und unsere Lebensweise genauer betrachten. Viele von uns brauchen eine bessere Balance zwischen harter Arbeit und Spiel, zwischen Anstrengung und Freizeit. Kleinen Kindern müssen wir nicht erklären, wie sie positive Gefühle in ihr Leben bringen können. Vom Schulalter an jedoch beginnt oft die Zeit der Krisen. Viele verfehlen dann das Verhältnis drei zu eins. Diese Zahl bedeutet, dass wir für jede negative emotionale Erfahrung wenigstens drei authentische, positive Erlebnisse haben sollten. Diese Zahl ist eine Richtlinie. Wir müssen sie nicht jeden Tag erreichen, aber im Laufe einer Woche oder eines Monats sollte uns dies gelingen.

### Zehn positive Gefühle

Die positiven Gefühle, die am häufigsten unser Leben prägen, sind: Freude, Dankbarkeit, Heiterkeit, Interesse, Hoffnung, Stolz, Spaß, Inspiration, Andacht und Liebe.

Die Schönheit dieser Gefühle liegt darin, dass sie so unterschiedlich sind. Was den einen zum Lachen bringt, lässt den anderen vielleicht den Kopf schütteln. Das bedeutet, dass jeder von uns seinen eigenen Weg gehen muss, um sein Potenzial zu entfalten.

Wenn wir mehr positive Gefühle erleben wollen, dann brauchen wir ein gewisses Maß an Selbsterkenntnis. Dazu können wir uns folgende Fragen stellen:

- Wann habe ich dieses Gefühl zuletzt gespürt?
- Wo war ich?
- Womit war ich beschäftigt?
- Gibt es noch andere Auslöser für dieses Gefühl?
- Was kann ich tun, um dieses Gefühl zu kultivieren?

Mit unseren positiven Gefühlen müssen wir jedoch behutsam umgehen. Wir sollen prüfen, welches Gefühl wir gerade erleben, aber wir dürfen das Gefühl nicht so lange analysieren, bis es sich auflöst. Diese Emotionen sind nämlich fragil und zerbröseln, wenn wir sie unsensibel unter die Lupe nehmen.

**Freude**

Freude ist ein helles Gefühl. Es macht die Farben lebendiger und intensiver. Wir gehen mit elastischen Schritten wie auf einem weichen Waldboden. Vielleicht lächeln wir auch und unser Gesicht strahlt von innen. Wir haben Lust, alles in uns aufzusaugen. Wir möchten spielen oder beim Spiel der anderen mitmachen. Aber jeder von uns hat einen anderen Auslöser für die Freude.

**Dankbarkeit**

Dankbarkeit ist ein oft übersehenes Gefühl. Manchmal sind wir jemandem dankbar, der uns etwas Gutes getan hat. Wir sind einem Mentor dankbar, der unsere Karriere fördert und einem Verkäufer, der uns freundlich bedient. Aber wir können auch dankbar dafür sein, dass wir ein Dach über dem Kopf haben, dass wir saubere Luft atmen, dass wir ein Leben ohne Schmerzen führen dürfen.

Dankbarkeit öffnet das Herz und weckt den Wunsch, etwas zurückzugeben. Authentische Dankbarkeit macht frei und kreativ. Sie ist kein Bestandteil der Etikette. Wahre Dankbarkeit entsteht im Herzen und liebt die Improvisation. Wir können uns für dieses kostbare Gefühl sensibilisieren, indem wir uns jeden Tag fragen: «Wofür bin ich heute dankbar?»

**Heiterkeit**

Dieses Gefühl stellt sich ein, wenn uns unsere Umgebung sicher und vertraut ist. Heiterkeit ist ein leises Gefühl. Ein Gefühl, das wir mit einem langen, entspannenden Seufzer begleiten. Ein Gefühl des Luxus, das sich einstellt, wenn wir in einer Hängematte liegen oder wenn wir am Strand entlangwandern und die würzige Luft einatmen. Dann sind wir achtsam und genießen den Augenblick. Und vielleicht fassen wir den Entschluss, uns diesen Genuss öfter zu gönnen.

**Interesse**

Dies kann ein Flüstern unserer Muse sein, die unsere Aufmerksamkeit auf einen Punkt lenkt. Ein Spektrum von Möglichkeiten oder der Reiz eines Geheimnisses ziehen uns an. Hier brauchen wir konzentrierte Aufmerksamkeit und eine gewisse Anstrengung. Wir sind fasziniert und möchten in das eindringen, was wir gerade entdeckt haben, um es uns zu erschließen und Neues zu lernen. Wenn uns etwas interessiert, dann fühlen wir uns offen und lebendig. Das Interesse lockt uns aus unserem Status quo heraus, zu neuen Ideen und neuen Möglichkeiten des Lernens.

**Hoffnung**

Viele positive Gefühle sind mit dem Gefühl von Sicherheit und Zufriedenheit verbunden. Bei Hoffnung ist es anders. Wenn alles zufriedenstellend wäre, dann gäbe es keinen Anlass zur Hoffnung. Die Hoffnung gedeiht auf kargem Boden, wenn wir uns unsicher fühlen oder in der Gefahr sind zu resignieren. Wir haben vielleicht gerade eine Niederlage erlebt und fürchten das Schlimmste, aber hoffen das Beste.

Im Kern der Hoffnung liegt der Glaube, dass Veränderung möglich ist. Auch in einer schlimmen Situation gibt es Möglichkeiten zur Entwicklung und der Glaube daran vertreibt die Verzweiflung. Wir vertrauen auf unsere Kreativität oder auf ein günstiges Schicksal. Oft machen wir Pläne für eine bessere Zukunft. Das zeichnet unsere Spezies aus. Die Hoffnung gibt uns frische Energie, für ein besseres Leben zu kämpfen.

Jeden Tag erleben wir ein Kaleidoskop von Hoffnungen. Welche Hoffnung ist heute der Stern an Ihrem Horizont?

**Stolz**
Stolz gehört zu den «vergleichenden» Gefühlen. Jeder kennt die unangenehmen Schwestern des Stolzes, nämlich Scham und Schuldgefühl. Diese schmerzlichen Gefühle stellen sich ein, wenn wir uns etwas zuschulden kommen lassen. Stolz ist genau das Gegenteil. Wir haben es verdient, für etwas Gutes ausgezeichnet zu werden. Trotzdem wird der Stolz nicht von allen hoch eingeschätzt. Sein Zwillingsbruder, der Hochmut, gehört für die katholische Kirche zu den sieben Todsünden.

Ungebremster Stolz verwandelt sich schnell in Größenwahn, nur der gezähmte Stolz, verbunden mit Bescheidenheit kann als positives Gefühl bezeichnet werden. Am wertvollsten ist der Stolz, den wir aus uns selbst heraus empfinden, unabhängig von fremdem Lob, wenn wir uns freuen, dass wir etwas Schwieriges geschafft haben.

Gesunder Stolz schenkt uns mutige Träume für die Zukunft: «Wenn ich dies alles geschafft habe, dann kann ich auch meine eigene Firma gründen, ein Haus bauen, mein Diplom machen.» usw.

**Humor**
Humor ist die Fähigkeit, über etwas Unerwartetes, Merkwürdiges oder Absurdes lachen zu können. Dieses Gefühl ist ausgesprochen sozial geprägt. Manchmal lachen wir allein, aber am intensivsten lachen wir gemeinsam mit anderen, denn lachen ist wie das Gähnen ansteckend.

Herzliches Lachen ist an eine Bedingung geknüpft. Wir müssen uns in der Situation sicher fühlen, damit wir die Kontrolle aufgeben und uns gehen lassen können. Im Lachen begeben wir uns spontan unter die Regie des Unbewussten und fühlen uns anschließend erfrischt und befreit. Humor ist die Fähigkeit, die Dinge aus ungewohnter Perspektive zu betrachten. Diese neue Art des Sehens kann gerade auch in schwierigen Situationen ein Gefühl der Leichtigkeit erzeugen. Wer Humor hat, der bleibt beweglich und kreativ. Humorvolle Menschen erscheinen uns in der Regel als liebenswert und attraktiv.

**Inspiration**

Inspiration geht vom Ungewöhnlichen, Erstaunlichen, Erhabenen, Schönen oder Genialen aus. Wenn wir uns von einem Menschen inspiriert fühlen, ist unsere Aufmerksamkeit plötzlich fokussiert, unser Herz wird warm. Wir fühlen uns angezogen. Inspiration ist das Gegenteil von Ekel und Abscheu. In der Regel suchen wir Inspiration in den höheren Gefilden, wo wir alles das finden, was wertvoll ist, vielleicht sogar zeitlos, größer als wir selbst. Inspiration hilft uns, über uns selbst hinauszuwachsen. Wir durchbrechen unsere persönlichen Neigungen und lassen uns von einer höheren Macht anregen.

**Ehrfurcht**

Während die Inspiration uns in Bewegung setzt, lässt die Ehrfurcht uns für eine Weile innehalten. Wir fühlen uns überwältigt von Schönheit, Größe, Heldentum oder Opferbereitschaft. In diesem Augenblick lösen sich unsere Grenzen auf und wir verschmelzen mit einer Macht, die größer ist, als wir selbst. Dieses Gefühl stellt sich auch bei gewissen Naturereignissen ein – bei einem Sonnenuntergang, beim Anblick eines Regenbogens oder eines wolkenlosen Nachthimmels. Oft gilt unsere Ehrfurcht Menschen, die über sich selbst hinausgewachsen sind. Wir vergleichen uns mit ihnen und erkennen unsere Grenzen. Ehrfurcht ist auch im Alltag wichtig. Sie hilft uns, Respekt gegenüber Meisterschaft, Talent und Genie zu empfinden.

**Liebe**

Liebe ist eine Mischung aus all den oben genannten Gefühlen. Sie konzentriert sich auf eine geliebte Person und entwickelt so eine manchmal geradezu unheimliche Stärke. In der Anfangsphase einer Beziehung gibt es eine magische Anziehungskraft und eine alles umfassende Zustimmung zu der geliebten Person. Wir glauben, dass dieser Zustand nicht enden wird und allein der Gedanke an ein Ende erscheint uns unerträglich. Wir glauben, dass die Harmonie zwischen uns und der geliebten Person unendlich ist und dass uns nichts voneinander trennen kann. Wir sind durchflutet von Bindungshormonen, die uns das Gefühl von Vertrauen, Sicherheit und intimer Offenheit geben. Diese Anfangsphase nennen wir auch Verliebtheit. Später benötigen wir eine neue Qualität, wenn wir an der Beziehung festhalten wollen. Es geht dann um die Bereitschaft, Unterschiede zu ertragen und uneingeschränkte Harmonie nur temporär zu erleben.

Im Laufe der Zeit wird unsere Liebe umfassender und altruistischer. Die erotische Begeisterung der ersten Zeit entwickelt sich zu einem breiten Gefühl positiver Resonanz.

Liebe ist darüber hinaus ein starkes Gefühl, das uns zu aktiven Weltbürgern machen kann.

### Die Vergänglichkeit der positiven Gefühle

Positive Gefühle sind schwer zu konservieren. Meistens erleben wir sie nur eine begrenzte Zeit, dann lösen sie sich wieder auf. Sie sind wie Sternschnuppen, die kurz am Himmel aufleuchten. Warum ist das so? Schuld daran ist unsere Gewohnheit, ununterbrochen zu denken. Unser Denken bewertet und interpretiert alles, was in der Welt passiert. Manchmal ist unser Denken optimistisch und hoffnungsvoll geprägt, dann interpretieren wir Ereignisse, Personen, unsere eigenen Handlungen positiv. Aber oft fühlen wir uns frustriert, hilflos, enttäuscht, gefährdet, betrogen, dann interpretieren wir das Leben negativ und empfinden negative Gefühle. Die Schlussfolgerung aus dieser Sicht der Dinge: Achte darauf, was du denkst. Stell vor allem Fragen, die in eine erfreuliche Zukunft führen, z.B.:

- Was ist gut an meiner augenblicklichen Situation?
- Was macht mich glücklich?
- Wofür kann ich dankbar sein?
- Welche Stärken habe ich im Leben entwickelt?
- Was kann ich aus diesem Ereignis lernen?

Vermeide Fragen, die deine Tatkraft lähmen, wie z.B.:

- Welche Sorgen habe ich?
- Wie konnte ich diesen Fehler begehen?!
- Wer hat Schuld daran?
- Welche Krankheiten sind in meinen Genen angelegt?

Solche Fragen schwächen uns und bewirken ein Gefühl der Hilflosigkeit.

Es gibt jedoch noch eine andere Erklärung für die Fragilität der positiven Gefühle. Unsere Vorfahren waren ständig bemüht, Gefahren rechtzeitig zu entdecken, um sich schützen, verteidigen oder weglaufen zu können. Sie waren Spezialisten im Aufspüren negativer Phänomene, chronisch wachsam, misstrauisch und verteidigungsbereit. Diese Haltung half ihnen, zu überleben und ihre Kinder großzuziehen. Ein gelassenes, positives Denken wurde vermutlich erst möglich, als die Verhältnisse besser waren, die Menschen länger lebten, weil sie sich besser ernährten und in größeren Gemeinschaften mehr Sicherheit hatten. Erst dann entstanden Religionen mit einem aktiv helfenden Gott und mentale Entspannungsmethoden wie die Meditation. Unser Gehirn hält aber auch heute noch nach Gefahren Ausschau und ist trotz aller technischen Fortschritte im Grunde ängstlich. Wenn wir unseren positiven Gefühlen mehr Raum geben wollen, brauchen wir daher Rituale und Interventionen, die uns das ermöglichen.

### Gehirn und Körper

Philosophen und Psychologen beschäftigen sich seit Langem mit einer fundamentalen Frage: Wie denkt das Gehirn? Wie entdeckt das Gehirn Sinn und Bedeutung? In den Fünfzigerjahren des letzten Jahrhunderts nahmen die Forscher eine Zeit lang an, dass unser Gehirn wie ein Computer funktioniert. Aber inzwischen wissen wir es besser. Unser Gehirn arbeitet ganz anders. Seine Aufgabe besteht nicht darin, Informationen zu speichern, zu verarbeiten oder zu erzeugen. Die Hauptaufgabe des Gehirns besteht vielmehr darin, die Aktionen des Körpers anzustoßen und zu steuern, denn der unmittelbare Arbeitgeber des Gehirns ist unser Körper.

In den letzten Jahren entstand ein neuer Forschungszweig, die sogenannte «Embodied Cognitive Science». Hier wurde ein neues Modell des Denkens entwickelt: Unser Gehirn denkt vor allem in Körpermetaphern. Weil wir denken, um handeln zu können, benutzt unser Geist Bilder und Metaphern aus der Körpersphäre. Unsere fünf Sinne und alles, was wir in unserer Umgebung erfassen können, liefern uns die Metaphern: die Natur, die Landschaft, die Elemente, Himmel und Erde. Selbst komplizierte Konzepte wie z.B. Gut und Böse werden mit Metaphern aus der Sphäre des Raumerlebens belegt: das Gute ist oben, das Böse unten; der Himmel, in der christlichen Vorstellung der Wohnsitz Gottes, ist oben, die Hölle ist unten.

Im Laufe der Zeit wurde immer deutlicher, dass die kognitiven Operationen aller Lebewesen die Aufgabe haben, die Anpassung an die Umgebung und damit das Überleben zu sichern. Darum bilden Körpermetaphern die Grundelemente unserer Wahrnehmung,

## Warum lieben wir das Wasser?

Wenn wir philosophische Texte, Meditationsvorlagen oder therapeutische Imaginationen studieren, dann entdecken wir schon bald eine Metapher, die überall auftaucht. Es handelt sich um das Wasser. Diese Metapher hat den Vorzug, dass sie für alle unsere Sinne erlebbar ist. Darüber hinaus gehört das Wasser zu den transformierbaren Stoffen, da es seinen Aggregatzustand verändern kann (flüssig, gasförmig, fest).

Das Wasser wird von vielen Menschen als göttliche Kraft erlebt. Aber es hat auch etwas Alltägliches: Wir müssen Tag für Tag trinken und uns waschen.

Weil Wasser eine so mächtige Metapher ist, ist es in Meditationen, Phantasiereisen und Trancen unentbehrlich. Es verfügt über eine Magie, die in vielen menschlichen Schöpfungen auftaucht: in Gemälden und Romanen, in Fotografien, in Filmen und Videos. In allen Imaginationen dieses Buches spielt deshalb das Wasser eine tragende Rolle, im Vordergrund oder im Hintergrund.

Wasser kann uns eine besondere Bewusstseinslage schenken, eine leichte, meditative Trance, charakterisiert durch Ruhe, Frieden und das Gefühl von Glück und Zufriedenheit im Augenblick. In der östlichen Psychologie nennen wir diesen Zustand Achtsamkeit. Und alle, die unter Stress leiden, wünschen sich eine solche Geistesverfassung.

Natürlich spielt das Wasser nicht nur als Metapher eine wichtige Rolle. Wasser ist das Element, das das Leben auf der Erde möglich gemacht hat und prägt. Wasser bedeckt mehr als siebzig Prozent der Erdoberfläche. Das Plankton des Meeres erzeugt ungefähr die Hälfte des Sauerstoffs, der in der Erdatmosphäre vorhanden ist. Eigentlich sollten wir diesen Planeten nicht «Erde» nennen, sondern passender «Ozean».

Schon immer haben die Menschen gern in der Nähe des Wassers gelebt. Zwei Drittel des Welthandels sind auf Prozesse angewiesen, bei denen Wasser gebraucht wird. Und eine Milliarde Menschen ernähren sich von Protein, das aus dem Meer kommt und wir alle brauchen das Wasser täglich in unserem Haushalt.

Aber unsere innere Beziehung zum Wasser reicht viel tiefer. Alles Leben kommt aus dem Wasser. Jeder von uns hat die ersten neun Monate seines Lebens im Wasser verbracht, im Bauch der Mutter.

Und bei unserer Geburt besteht unser Körper zu achtundsiebzig Prozent aus Wasser und das Wasser in unseren Zellen hat eine sehr ähnliche mineralische Zusammensetzung wie das Meerwasser.

Nach alledem ist es kein Wunder, dass wir vom Wasser inspiriert werden. Wir spielen im Wasser, wir wandern an der Wasserlinie, wir surfen, wir schwimmen oder angeln. Wir schreiben über das Wasser, wir fotografieren es und manchmal verbinden wir mit dem Wasser unvergessliche Erinnerungen. Wasser gibt uns frische Energie und das Baden ist ein uraltes Heilmittel. Wir wissen instinktiv, dass die Nähe zum Wasser heilend sein kann, dass wir hier geborgen sind und frei vom Stress.

Der Biologe Edward O. Wilson hat den Begriff der «Biophilie» geprägt, der besagt, dass wir eine instinktive Verbindung mit der Natur und anderen Organismen haben. Schließlich haben wir die längste Zeit unserer evolutionären Geschichte in der Natur gelebt. Unser Überleben war abhängig von der Natur und darum hängen wir an der Natur wie an unserer Mutter, physisch, kognitiv und emotional. Analog dazu könnten wir von «Hydrophilie» sprechen, der natürlichen Liebe des Menschen zum Wasser.

In letzter Zeit wurden die Auswirkungen des Wassers auf unser Wohlbefinden genauer untersucht. Dabei zeigte es sich, dass das Wasser in der Lage ist, uns in kurzer Zeit in einen Zustand emotionaler und physischer Zufriedenheit zu versetzen.

### Wasser und Gefühle

Schon immer haben Menschen die Nähe des Wassers gesucht. Das Wasser tröstet uns und manchmal erschreckt es uns. Das Wasser erzeugt Gefühle von Ehrfurcht, Friede und Freude. Wenn vom Wasser die Rede ist, dann tauchen fast immer Gefühle auf.

Unsere Beziehung zum Wasser reicht bis zu den Anfängen unseres Lebens zurück. Im Alter von sechsundzwanzig Wochen sind unsere fünf Sinne so weit ausgebildet, dass sie alle Signale registrieren, die aus dem Körper der Mutter kommen. Von besonderer Bedeutung sind die akustischen Wahrnehmungen. Wir hören den Herzschlag der Mutter, das Rauschen ihres Blutes, das Gurgeln des Fruchtwassers etc.

Diese Erinnerungen tragen wahrscheinlich dazu bei, dass die Geräusche des Meeres, eines Flusses oder das Rauschen des Regens das aufgeregte Gehirn eines Erwachsenen besänftigen können. Bereits der Anblick von Wasser auf einem Foto oder Gemälde kann beruhigend auf uns wirken. Und das gilt natürlich auch für die imaginierten Wasserbilder, die in den therapeutischen Interventionen eine so große Bedeutung haben. Wasser ist das Element, das bei Stress und Krankheit am besten helfen kann. Wenn wir Zeit in der Natur verbringen, in der Nähe von Wasser, dann werden andere Teile unseres Gehirns aktiviert und wir schalten um von fokussierter Aufmerksamkeit auf latente Aufmerksamkeit. Auf diese Weise wird unser Gedächtnis gestärkt, Angst und Depressionen werden aufgelöst, unser Immunsystem erholt sich und unser Blutdruck auch. Vor allem aber hellt sich unsere Stimmung auf und wir sind besser in der Lage, positive Emotionen zu bemerken. Und wir lassen uns nicht mehr so leicht durch Frustration, Enttäuschung und Verluste aus der Ruhe bringen.

Eine Wasserfläche bietet eine raffinierte Mischung von Wiederholung und Vorhersagbarkeit mit Abwechslung und neuen Eindrücken. Es scheint so zu sein, dass das Wasser unsere Sinne reizt, ohne uns aufzuregen.

Darüber hinaus erleben viele Menschen am Wasser jenes ozeanische Gefühl, von dem Sigmund Freud sprach. Besonders wenn wir am Meer in die unendliche Ferne sehen, verstehen wir intuitiv, dass es ein Jenseits gibt und Mächte, die stärker sind als unsere Vernunft. Das Meer lässt uns das ganze Spektrum transzendenter Gefühle spüren: Verbundenheit, Empathie, Ehrfurcht, Ekstase, Liebe, «Flow» und Trance.

Man könnte auch sagen, dass wir am Wasser jene Achtsamkeit erleben, die auch das Ziel der Meditation ist. Wir konzentrieren uns auf die Gegenwart und sind dadurch in der Lage, ganz neue Dinge zu bemerken und kreativ zu sein. Das dürfte auch der Grund dafür sein, dass so viele Künstler, Maler, Bildhauer und Schriftsteller ihre Inspiration am Wasser gefunden haben. Die Menschen haben sich seit der Antike von Wassergeschichten beeindrucken lassen. Man denke nur an den Schöpfungsmythos des alten Testaments, die «Odyssee» von Homer, an Melvilles «Moby Dick» und viele andere unsterbliche Geschichten, in denen das Wasser eine tragende Rolle spielt.

Wasser schenkt uns nicht nur Inspiration und Kreativität, es ist auch eine wunderbare Metapher. Es hat die unbegrenzte Fähigkeit, Bedeutung zu tragen und alles Mögliche zu symbolisieren. Dabei ist der größte Teil der Wassermetaphorik positiv. Das Wasser hat jedoch auch eine verstörende Dimension: Sturmfluten, Tsunamis oder ausbleibender Regen, der zu Dürrekatastrophen führt, zeigen die problematische Seite dieses Elements.

Für alle, die therapeutisch arbeiten, steht die heilende Kraft des Wassers im Vordergrund. Wenn wir Bilder betrachten, die Wasser zeigen, wenn wir Wasserpoesie lesen, wenn wir in Hypnose oder Imagination Kontakt mit Wasser herstellen, dann löst sich unser Stress auf, wir fühlen uns besser und Heilungsprozesse entwickeln sich schneller. Wir können also behaupten, dass Wasser in jeder Form eine magische Kraft hat. Diese Einsicht ist alt. Bereits der chinesische Philosoph Lao Tse hat von allen Elementen das Wasser am meisten geschätzt.

Das Wasser hat den Menschen immer die intensive Verbindung zur Natur ermöglicht und darüber hinaus die Erfahrung höherer Mächte, die Nähe zu Gott.

Wir können also feststellen, dass Wasser in jeder Form ein überragendes therapeutisches Potenzial hat. Es ist in der Lage, zu heilen und das Beste im Menschen hervorzubringen.

### Regulierung der Gefühle

Die in diesem Buch versammelten Imaginationen und Trancen bedienen sich alle einer ähnlichen Metaphorik. Immer spielt das Wasser eine dynamische Rolle. Jede Imagination unterstützt ganz spezifische Gefühle und Haltungen, aber alle haben eines gemeinsam: Sie fördern die emotionale Selbstregulierung. Selbstregulierung bedeutet in diesem Zusammenhang: Ich bin in der Lage, mit meinen Gefühlen zu tanzen. Auf dem Ozean der Emotionen navigiere ich in einem relativ kleinen Boot. In einem gewissen Ausmaß kann ich die Richtung wählen, aber ich bin nicht in der Lage, Strömung, Wind und Wellen zu kontrollieren. Ich kann jedoch lernen, immer besser mit dem Meer zu kooperieren.

Das Konzept der emotionalen Selbstregulierung findet heute zunehmende Beachtung. Unsere Aufgabe als Therapeuten und Pädagogen ist es, unseren Klienten zu helfen, die eigenen Gefühle freundlich wahrzunehmen. Nur so ist Stress vermeidbar. Stress ist der sichere Hinweis auf eine entgleiste innere Balance, auf mangelnde Harmonie im gesamten Organismus.

Wenn wir von emotionaler Selbstregulierung sprechen, dann denken wir vielleicht zunächst an Selbstbeherrschung, aber damit erfassen wir nicht die große Bedeutung dieses Konzepts. Der Psychologe Daniel Goleman (Emotionale Intelligenz, München 1996) hat fünf emotionale Kompetenzen identifiziert, die in diesem Begriff zusammenfließen:

1. Selbstbeherrschung: Wir dämpfen die Dynamik aggressiver Impulse und Gefühle.
2. Verlässlichkeit: Wir tun, was wir mit Worten sagen.
3. Gewissenhaftigkeit: Wir handeln verantwortlich.
4. Anpassungsfähigkeit: Sie erweitert unseren Handlungsspielraum.
5. Kreativität: Neugier und die Bereitschaft, neue Wege zu gehen, machen uns schöpferisch und weise.

Alle diese Qualitäten haben einen gemeinsamen Nenner, nämlich unsere Entschlossenheit, nicht unbedingt den Weg des geringsten Widerstands zu gehen.

Selbstregulation bedeutet nicht etwa, dass wir intensive und verstörende Gefühle unterdrücken oder ignorieren sollten. Worauf es ankommt, ist vielmehr unsere Entschlossenheit, ein starkes Gefühl nicht zur Richtschnur unseres Handelns zu machen. Besonders wichtig ist das bei Zorn und Wut. Wir können unseren Zorn benutzen, um Nein zu sagen, um Kritik zu äußern oder um Ungerechtigkeiten zu bekämpfen, aber wir sollten dabei die Ruhe bewahren. Emotionale Selbstregulierung bedeutet also in vielen Fällen, dass wir in der Lage sind, Gefühle zu dämpfen und Gefühle abklingen zu lassen. Im Buddhismus gibt es eine schöne Metapher für diese Haltung: Wenn wir starke negative Gefühle erleben, sollen wir diese auf Wasser schreiben. Und in dem Moment, wo wir unsere Gefühle aufgeschrieben haben, sind sie auch schon verschwunden.

Die Fähigkeit, ein Gefühl loszulassen, lernen wir am besten in der Meditation. Diese Kunst hilft uns nicht nur beim Umgang mit negativen Gefühlen, sondern auch – mit gewissen Einschränkungen – mit positiven. Wer loslassen möchte, der muss sich von seinen Präferenzen lösen: Ich schwimme mit dem Leben mit und nehme hin, was das Leben mir bietet. Ich erlebe das Auf und Ab im Leben und genieße die positiven Gefühle genauso, wie ich bereit bin, von den negativen Gefühlen zu lernen. Um diese Balance zu erreichen, muss ich zwei problematische Einstellungen aufgeben:

- Ich darf mich nicht an das Gute klammern.
- Ich darf nicht versuchen, alles Unangenehme und Schmerzliche von mir fernzuhalten.

Anklammern und Ablehnung sind automatische Reaktionsweisen, die am Anfang der Evolution unser Überleben sicherten. Heute führen sie jedoch zu Kummer und Leid. Wenn wir diese beiden Fehlhaltungen vermeiden können, dann wird es uns eher gelingen, das Leben zu genießen. Und wir können es verhindern, dass die kleinen Ungeheuer in unseren Herzen zu großen Monstern werden.

### Psychologische Strategien für den Umgang mit Stress

Stress dürfte die häufigste Ursache für körperliche und seelische Störungen sein. Darum ist es so wichtig, Strategien und Methoden zu lernen, mit denen wir Stress vermeiden oder auflösen können. Vier Strategien haben sich besonders bewährt:

1. Ich bemerke, wenn es mir gut geht. – Dies ist keine Selbstverständlichkeit. Wir bemerken viel leichter, wenn es uns schlecht geht. Wenn es uns gut geht, dann vergessen wir, uns darüber zu freuen und dankbar zu sein. Wenn wir häufiger feststellen, dass alles okay ist mit uns, dann können wir auch die Normalität des Lebens genießen und uns von den Zeiten erholen, in denen wir Leid und Kummer hinnehmen mussten. Tägliche Dankbarkeit ist die beste Methode, die schmerzfreien Intervalle des Lebens zu genießen.

2. Ich vermeide Meta-Stress, d.h. ich akzeptiere, wenn ich mich schlecht fühle, ohne dagegen zu rebellieren. – Viele von uns neigen dazu, Fragen zu stellen, auf die es keine Antwort gibt: Warum hat es ausgerechnet mich getroffen? Ich meditiere doch regelmäßig, warum fühle ich mich trotzdem so schlecht? – Wir dürfen nicht vergessen, dass Kummer und Schmerz, Misserfolge und Fehler natürliche Phänomene sind, die jeden treffen. Wenn wir dagegen rebellieren, dann zeigt sich darin unser Ego. Zum Glück haben wir die Möglichkeit, das Ego loszulassen und in unserem Schmerz etwas Nützliches oder Komisches zu entdecken.

3. Ich füttere meine inneren Ungeheuer nicht durch negative Gedanken. So bleiben sie klein und harmlos. – Heftige Eifersucht oder chronische Rachsucht, wütender Zorn oder lähmende Hilflosigkeit, alle negativen Gefühle werden stärker, wenn wir immer dieselbe Geschichte erzählen, mit denselben Illusionen und mit denselben Schuldigen. Ohne solche anklagenden oder traurigen Geschichten können die Monster nicht wachsen und wir haben die Chance, dass sich die negativen Gefühle auflösen.

Wenn wir kein Öl ins Feuer gießen, dann spart das Energie und in der Regel löst sich die Störung schneller auf. Niemand hat einen Anspruch auf permanentes Glück.

4. Ich versuche, meine Gedanken mit Humor und Freundlichkeit einzuleiten. – In jeder Situation lohnt es sich, mit freundlichen und humorvollen Gedanken zu beginnen. Auf diese Weise entsteht eine nicht-aggressive, konkurrenzfreie Atmosphäre, die für alle Beteiligten angenehm ist. Wer sich nicht bedroht, herabgesetzt oder attackiert fühlt, der kann Vertrauen entwickeln, zuhören und sich Mühe geben, die anderen Beteiligten zu verstehen.

Humor hilft uns im Umgang mit den eigenen Schwächen. Normalerweise sind wir eher bereit, über andere zu lachen als über uns selbst. Wenn ein Mensch in der Lage ist, über sich selbst zu lachen, dann ist das eine Vertrauen bildende Aktion. Unsere Gesprächspartner haben dann weniger Angst vor uns. Und wir selbst können uns leichter von unserem Perfektionismus, unseren Vorurteilen, unserer Ungeduld und unserem Wunsch nach Überlegenheit lösen. Über sich selbst zu lachen macht kreativ und flexibel.

### Wie wir aufgeregte Gefühle beruhigen können

Wir geraten immer wieder in Situationen, in denen wir uns kritisiert oder lächerlich gemacht fühlen, in denen wir Verdächtigungen und Vorwürfen ausgesetzt sind. Nicht immer liegt das jedoch in der Absicht der Menschen, von denen wir uns angegriffen fühlen. Manchmal fehlt ihnen vielleicht das natürliche Taktgefühl oder sie haben keine Ahnung, dass sie einen wunden Punkt bei uns berühren. Ab und zu gibt es natürlich frustrierte, feindselige Menschen, die es darauf abgesehen haben, uns zu demütigen oder uns zu schaden. Wenn wir in einer solchen Situation in die Luft gehen oder einen

Gegenangriff starten, kommt es leicht zu einer Eskalation. Wir sind dann in der Gefahr, übertrieben zu reagieren und unseren Antagonisten zu bestrafen und zu verletzen. Doch Rache führt selten zu dem erwünschten Ergebnis. Sie ist vielmehr ein Zeichen der Schwäche. Unser Rachewunsch zeigt, dass wir nicht in der Lage sind, die schwierige Situation zu entschärfen und den Konflikt aufzulösen. Besser wäre es, mit Gelassenheit, Selbstironie und Humor zu reagieren. Gegenaggressionen sind immer ein Zeichen von Ideenlosigkeit und Angst. Sie führen dazu, dass die Kommunikation zusammenbricht, dass Vertrauen zerstört wird und die Bereitschaft zur Problemlösung nachlässt. Dann macht sich Hoffnungslosigkeit breit und die positiven Gefühle schwinden. Es sind jedoch in erster Linie die positiven Gefühle, die eine Situation entschärfen können.

Deshalb empfiehlt es sich, einem Protokoll der emotionalen Entspannung zu folgen, das fünf Schritte vorsieht. Wir können dieses Protokoll immer dann anwenden, wenn ein Konflikt droht oder wenn wir uns als Opfer fühlen. In einer solchen Situation fangen wir an, flach zu atmen, unser Herz schlägt schneller und wir spannen uns an. Wir würden am liebsten unseren Widersacher physisch angreifen oder die Flucht ergreifen. Diese Reaktionen können durch das folgende Protokoll der positiven Konfliktentschärfung vermieden werden:

1. Der erste und wichtigste Schritt in einer Konfrontation ist die Pause. Die meisten von uns tun das Gegenteil. Wir schlagen blitzschnell zurück, indem wir unser Gegenüber unterbrechen, es auf seine Fehler hinweisen und uns verteidigen. In einem solchen Moment eine Pause einzulegen, ist ein segensreiches Manöver. Wir können uns dabei vorstellen, dass dies die göttliche Reaktion ist auf all die Dummheiten und Gemeinheiten, zu denen die Menschheit in der Lage ist. Und weil durch die Pause die Weichen zu einer Deeskalation gestellt werden, nennen wir sie auch die «heilige Pause». Wir begleiten sie mit der geeigneten Körpersprache, indem wir unserem Gegenüber Aufmerksamkeit, Respekt und Nachdenklichkeit zeigen.

2. Gleichzeitig schalten wir in dieser Pause auf bewusstes Atmen um. Tiefes Atmen entspannt und beruhigt den Geist. Und wenn wir langsam atmen, dann zeigen wir auch unserem Gegenüber, dass wir keinen Gegenangriff planen.

3. Das langsame Atmen hilft uns, unsere Aufmerksamkeit auf unseren Körper zu richten. Damit verschaffen wir uns Ruhe und wir erden uns. Wir fragen uns: Was spüren wir im Augenblick im Körper? Wo bemerken wir Anspannung? Spüren wir Hitze oder Kälte? Auf welche Weise reagiert unser Körper auf diese heikle Situation? Wenn wir herausfinden, was unser Körper empfindet, dann können wir unsere Beobachtung vorsichtig objektivieren: In meinem Körper erlebe ich Ärger. In meinem Körper spüre ich eine Verletzung. In meinem Körper spüre ich den Wunsch wegzulaufen. Diese Selbstbeobachtung sorgt für eine gewisse Ruhe, die auch nach außen sichtbar wird.

4. Jetzt können wir uns fragen, woher unser Gefühl kommt. Wurde ein wunder Punkt getroffen? Erinnert uns die Situation an ähnliche Krisen? Außerdem können wir versuchen, für unser Gegenüber eine kleine Portion Empathie aufzubringen. Wir versetzen uns für einen kurzen Augenblick in die andere Person und erinnern uns an das buddhistische Credo: Jeder Mensch möchte glücklich sein und frei von Angst. Auch bei unserem Gegenüber ist das der Fall.

5. Im letzten Schritt überlegen wir einen Augenblick, wie wir reagieren können, damit die Sache ein gutes Ende nimmt. Was wäre die positivste Reaktion, die uns einfällt? Wir können uns entscheiden, etwas zu tun, damit das Problem etwas kleiner oder im Idealfall sogar gelöst wird.

Diese fünf Schritte können wir mit einem Partner, im Rollenspiel in der Gruppe oder in der Phantasie einüben. Mit der Zeit wird uns dieses kunstvolle Manöver in immer kürzerer Zeit gelingen, bis es uns zur zweiten Natur geworden ist.

## Schlussbemerkung

Ich danke Ihnen für Ihre Aufmerksamkeit und hoffe, dass Sie in dem bereitgestellten Material immer wieder etwas finden, mit dem Sie Ihren Klienten Mut machen können. Für Ihre wichtige Arbeit wünsche ich Ihnen eine sprudelnde Quelle therapeutischer Weisheit.

# Am Meer

Wasser zieht die meisten Menschen magnetisch an. Unsere Intuition sagt uns, dass Wasser Leben bedeutet, Gesundheit, Energie, Erneuerung, Freiheit und Abenteuer. Die besonderen Qualitäten des Wassers beeinflussen unsere Gefühle und unsere Gedanken. Sie können uns inspirieren, unsere Aufmerksamkeit wecken und Optimismus schenken. Eine besondere Kraft übt das Meer aus. Seine Grenzenlosigkeit lässt uns staunen und gibt uns neue geistige Perspektiven. Das Meer regt Kreativität und Neugier an.

**Anleitung**

Mach es dir auf deinem Platz bequem, atme ein Mal langsam aus und schließ die Augen.

Stell dir vor, dass du am Meer stehst, an einer Küste, an der du vielleicht noch niemals warst… Schau dich aufmerksam um… Was siehst du?…

Wie sieht das Wasser aus?… Ist es bewegt oder ruhig?… Sind andere Menschen in deiner Nähe?… Wie ist das Wetter?…

Kannst du die Wärme der Sonne spüren?… Spürst du den Wind?…

Achte auf die Stimme des Wassers… Erzählt es dir etwas?…

Hörst du sonst irgendetwas?…

Und welche Gerüche liegen in der Luft?… Kannst du den Seetang riechen?… Schmeckst du Salz auf deinen Lippen?…

Wie gefällt es dir hier am Ufer des Meeres?…

Und nun kannst du dich auf den Weg machen… Vielleicht findest du heute etwas Besonderes… Wandere den Strand entlang, betrachte den feuchten Sand und die kleinen Pfützen, in denen das Wasser steht…

Du findest viele Muschelschalen, doch die meisten sind zerbrochen und gleichförmig abgeschliffen. Du lässt deine Blicke schweifen auf der Suche nach etwas Besonderem…

Ganz in der Nähe glitzert die Sonne in einer Lache… Neugierig trittst du heran und nun findest du, was du gesucht hast: eine ganz besonders große und schöne Muschel…

Heb deinen Fund auf und betrachte ihn von allen Seiten… Wie hat die Natur dieses Gehäuse geformt?… Welche Farben kannst du entdecken?... Wie fühlst du dich, wenn du die Muschelschale in deinen Händen hältst?...

Halte die Muschel nun an dein Ohr... Vielleicht hörst du dann ein Rauschen, das dich an die Brandung des Meeres erinnert... Aber es kann auch sein, dass du eine leise Stimme hörst... ein Flüstern, das dir eine Botschaft zuraunt... Du bist feinfühliger, als du glaubst...

Dankbar versteckst du die Muschel zwischen großen Steinen am Strand, weil du sie später gern wiederfinden möchtest. Hier ist sie in Sicherheit. Und ganz sicher aufbewahrt ist sie in deiner Erinnerung... Dieser Gedanke gibt dir ein gutes Gefühl...

Nun bist du bereit, zurückzukehren. Atme ein Mal langsam aus und öffne in deinem Rhythmus die Augen, erfrischt und wach.

# Sommer am Strand

Das Meer hat die therapeutische Fähigkeit, uns zu entspannen und zu regenerieren. Entspannung ist die Voraussetzung für Gesundheit und Heilung, für Kreativität und positive Beziehungen. Phantasiebilder können helfen, uns zu regenerieren und gute Gefühle zu erzeugen. Wenn wir entspannt sind, lösen sich negative Gedanken auf und unser Geist kann anfangen, für Ordnung und Klarheit zu sorgen. Angst versetzt unseren Organismus in Alarm und führt zu Erschöpfung und Depression. Entspannung dagegen schenkt uns neue Perspektiven und neue Möglichkeiten. Wenn wir lernen, uns zu entspannen, dann gewinnen wir neue Möglichkeiten für Genuss und Lebensfreude.

**Anleitung**

Alles, was du einmal empfunden hast, wird in deinem Gedächtnis aufbewahrt. Du hast die Fähigkeit, dich an positive Erlebnisse zu erinnern und sie so zu genießen wie beim ersten Mal. Gleich kannst du auf eine Reise der sinnlichen Erinnerung gehen. Du wirst Eindrücke erleben, so intensiv wie ein heiterer Sommertag.

Mach es dir auf deinem Platz bequem und schließ die Augen. Atme ein Mal langsam aus.

Stell dir vor, dass du einen Strand entlangwanderst. Der Sommer hat seinen Höhepunkt erreicht und der Tag war sehr heiß.

Jetzt am Nachmittag steht die Sonne schon nicht mehr am höchsten Punkt, doch der Tag hält noch ein paar Stunden für dich bereit.

Der Himmel ist leuchtend blau und die Sonne schickt ihr blendendes Licht über den Strand. Spüre die Sonnenstrahlen auf deinem Gesicht und ihre Wärme auf deinem Körper.

Während du barfuß über den Strand läufst, fühlst du den heißen Sand unter deinen Füßen. Näher am Wasser ist die Temperatur angenehmer und der kühle Sand fester und bequemer zum Gehen…

Du hörst, wie die Brandung auf den Strand rollt und wie das Wasser gurgelnd zurückläuft. Über dir tönen die lauten Schreie der Möwen, die im flachen Wasser Ausschau halten nach Meerestieren…

Das Leben um dich herum folgt einem geheimnisvollen Rhythmus, der dir guttut und Sicherheit schenkt… Du gehst langsam weiter den Strand entlang, bis du an eine Düne kommst, bewachsen mit hellroten Strandrosen und gelbem Löwenzahn…

Oben auf der Düne setzt du dich in eine kleine Mulde und blickst hinaus aufs Wasser… Jetzt schimmert das Meer wie ein silberner Spiegel, der das Licht der Sonne reflektiert… Dieses weiße Licht zieht dich magnetisch an und du musst ein wenig blinzeln, um die Helligkeit zu dosieren…

Jetzt entdeckst du eine neue Farbe… kleine, violette Lichtpunkte und am Horizont einen unendlichen, violetten Streifen… Sogar die Blüten der Strandrosen bekommen einen dunkelroten Lichthof… Du bemerkst, dass die Sonne begonnen hat, unterzugehen…

Langsam sinkt die Sonne ins Meer und mit ihr zusammen kannst du dich tiefer und tiefer entspannen… Wenn die Sonne im Wasser versunken ist, wirst du eine ungeahnte Entspannung erleben, die du dir immer schon gewünscht hast…

Der Himmel wechselt nun von Minute zu Minute seine Farben: rot… violett… scharlachrot… goldfarben… und bernsteinfarben…

Mehr und mehr bist du in einen violetten Dunst gehüllt… in einen dunkelblauen Nebel…

Wenn du nach oben schaust, siehst du über dir einen klaren Nachthimmel mit hell leuchtenden Sternen, die dich an alte, längst vergangene Sommernächte erinnern… Weiter weg hörst du das leise Schlagen der Wellen… Auf den Lippen schmeckst du das Salz des Meeres… und unter dir fühlst du den warmen Sand der großen Düne… Und wenn du langsam ausatmest, dann hast du das Gefühl, nach oben zu schweben, immer leichter und immer weiter, gänzlich schwerelos… (1 Min.)

Komm nun hierher zurück und atme ein Mal langsam aus… Öffne in deinem eigenen Rhythmus die Augen und sei wieder hier in diesem Raum, entspannt und erfrischt.

# Die Brandung

Wenn es uns gelingt, ruhig und gleichmäßig zu atmen, dann wird unser Organismus gut mit Sauerstoff versorgt. Unsere Gefühle kommen zur Ruhe und wir fühlen uns sicher und vielleicht sogar heiter. Wenn wir uns auf den Puls des Meeres konzentrieren und auf den gleichmäßigen Rhythmus der Brandung, dann hilft uns das, zur Ruhe zu kommen. Sorgen und Nöte lösen sich auf, wir fühlen uns stark genug, um gut für uns zu sorgen.

**Anleitung**

Mach es dir auf deinem Platz bequem und schließ die Augen. Atme ein Mal langsam aus und spüre, wie der Prozess der Entspannung in dir beginnt.

Stell dir vor, dass du am Meer bist und den Strand entlangwanderst. Der warme Sand massiert deine Füße und du spürst jeden einzelnen deiner Zehen...

Im trockenen Sand wächst Strandhafer, dessen grüne Halme sich im leichten Wind biegen. Über dir fliegen Möwen und Seeschwalben, ihre Schreie mischen sich mit dem Rauschen der Brandung...

Du hältst Ausschau nach einem Platz, wo du bequem sitzen kannst. Bald hast du eine Stelle zum Ausruhen gefunden. Du schließt die Augen, um den Wind deutlicher zu spüren, der deine Haut kühlt. Du riechst das Salz des Ozeans und denkst an all die unsichtbaren Lebewesen, die ihre Heimat im Wasser haben...

Und wenn du deine Augen öffnest, dann bist du sprachlos angesichts der riesigen Wasserfläche, die sich vor dir erstreckt...

Konzentriere nun deine Aufmerksamkeit auf die Wellen. Du spürst ihre Kraft und es scheint dir, als wäre dies der Atem des Ozeans... Du beobachtest, wie sich Welle um Welle auftürmt und dann auf den Strand hinstürzt. Dabei entsteht glitzernder Schaum, der vom Wind auf den Strand getrieben wird...

Du folgst dem Rhythmus der Wellen... Vielleicht stellt sich auch dein Atem auf ihren Rhythmus ein. Du vergisst, dass du eigentlich ohne Unterbrechung denkst und Gefühle hast... Jetzt bist du ganz erfüllt vom Rhythmus des Meeres, der dich tiefer und tiefer entspannt und zur Ruhe bringt...

Du könntest jetzt nicht sagen, welches Datum es ist oder welche Uhrzeit… Du achtest nur auf das Kommen und Gehen der Wellen und spürst, wie groß das Meer ist und wie klein du selbst bist und wie unbedeutend deine täglichen Sorgen und Nöte sind. Du atmest im selben Rhythmus wie das Meer und du genießt den Frieden in dir und die Harmonie mit der Natur…

Vielleicht hast du nicht geglaubt, dass du dich so tief entspannen kannst und dass du in der Lage bist, einen so ruhigen Genuss zu empfinden, ohne Aufregung, in der ständigen Wiederkehr des Gleichen…

Irgendwann hast du das Gefühl, dass du dich wie ein Schwamm mit Ruhe und Frieden vollgesogen hast… Jetzt kannst du dich vom Meer lösen und hierher zurückkehren…

Wenn du bereit bist, dann öffne in deinem eigenen Rhythmus die Augen und sei wieder hier, erfrischt und wach.

# Nasser Sand

Die besondere Atmosphäre des Ozeans kann unsere Empfindungen und Gefühle beruhigen. Sorgen und Ängste verlieren wie durch Zauberei ihre Macht und an ihrer Stelle kann sich das Gefühl von Frieden und Zuversicht ausbreiten. Die Unendlichkeit des Wassers gibt uns ein neues Zeitgefühl und wir sehen unser Leben in den richtigen Proportionen.

**Anleitung**

Mach es dir auf deinem Platz bequem und schließ die Augen. Atme ein Mal langsam aus.

Ich möchte dich zu einer Reise ans Meer einladen, das im warmen Licht der Sonne glitzert…

Du gehst am Wasser entlang und hörst, wie die Wellen sanft auf den Strand rollen… Mit deinen nackten Füßen fühlst du die Sandkörner und du genießt das leichte Einsinken deiner Füße in den feuchten Untergrund…

Du fühlst dich friedlich und ausgeglichen und du erinnerst dich an frühere Zeiten, als du Sandburgen und Kanäle am Strand bautest…

Du fängst an, Sand aufzutürmen und dicht am Wasser eine kleine Burg zu bauen… Du genießt es, mit deinen Händen im nassen Sand zu graben und dem Sand eine Form zu geben…

Du trittst zurück und betrachtest dein Werk… Manchmal kommt eine Welle, die das Fundament deiner Sandburg erreicht und einen Teil des Sandes wegspült…

Größere Wellen spülen mehr und mehr von deiner Sandburg zurück ins Meer und mit jeder neuen Welle bekommt der Strand seine alte Form zurück…

Vielleicht hast du jetzt Lust, dich hinzusetzen und den Wellen zuzusehen… Draußen auf dem Meer haben die Wellen Schaumkronen und du kannst den feinen Salznebel schmecken, der mit dem Wind zu dir herüberweht…

Wind und Wellen schenken dir ein Gefühl der Entspannung, der Ruhe und des Friedens und du bist dem Meer dankbar, dass es deinen Gefühlen so guttut…

Vielleicht möchtest du dich an die ausgleichende Kraft des Wassers erinnern, wenn du wieder mit den Herausforderungen deines Alltags konfrontiert bist…

Und wenn du bereit bist, dann öffne in deinem eigenen Rhythmus die Augen und komm sanft wieder zurück in diesen Raum.

# Inselparadies

Eine Urlaubsreise kann unsere Erholung unterstützen. Sie kann Verletzungen heilen lassen, die im Alltag entstanden sind, und vor allem kann sie uns neue Hoffnung schenken, Entspannung, Neugier und Zuversicht. Nicht immer können wir Urlaub machen, wenn wir ihn brauchen, aber wir können uns fünf Minuten Zeit nehmen, um in unserer Phantasie auf Reisen zu gehen.

**Anleitung**

Ich möchte dich zu einer Reise auf eine wunderschöne Insel einladen, wo die Sonne warm scheint und das Wasser genau die richtige Temperatur hat. Ein sanfter Wind spendet Erfrischung... Du kannst das Salz des Meeres riechen und es sogar auf deinen Lippen schmecken... Alles auf dieser Insel ist verlockend, wunderschön und belebend...

Um dorthin zu kommen musst du nur ein Flugzeug besteigen... Du kannst dir einen Platz aussuchen, wo du dich vollständig wohlfühlst... Dieses gute Gefühl beginnt gleich beim Start, wenn sich der Flieger sanft und sicher vom Boden löst... Und sobald du in der Luft bist, wird auch dein Geist freier... Vielleicht fühlst du dich manchmal wie ein Passagier, der vom Flugpersonal verwöhnt wird... Vielleicht möchtest du dich aber auch wie dieses Flugzeug fühlen, so mächtig, so stark, so zielbewusst...

Und oben am Himmel wird auch dein Bewusstsein weit und offen... Du fühlst dich vielleicht wie eine der Wolken, die das Flugzeug beobachten und den Passagier darin, auf dem Weg zu seiner Insel...

Das Gefühl, eine Wolke zu sein, ist unbeschreiblich... majestätisch und erhaben... Wie klein erscheint der Wolke das Flugzeug... und wie klein die Menschen an Bord...

Und wenn dein Bewusstsein sich noch weiter ausdehnt, kannst du dich wie der blaue Himmel fühlen... grenzenlos und unerschütterlich, der den Wolken zusieht, dem Flugzeug und den winzigen Reisenden an Bord... Und auch dieses Gefühl ist wunderbar...

In ein paar Minuten wirst du in deinem Inselparadies landen... Und sobald du das Flugzeug verlassen hast, bemerkst du, dass dieser erste Teil deiner Reise keine Wünsche offen lässt und dass du jetzt da bist, wo du sein möchtest…

Es ist ein ganz besonderer Ort und du hast das Gefühl, dass du dich hier tief regenerieren kannst… Hier kannst du Erholung finden, denn diese Insel ist eine Perle der Natur, mit verträumten Buchten, blauen Bergen im Hintergrund und weißen Sandstränden, die zum Wandern und zu einem Picknick einladen…

Weiter draußen schimmern Korallenriffe, die Gelegenheit zum Schnorcheln bieten…

Zunächst gehst du an den Strand… Der warme, weiße Sand unter deinen nackten Füßen verjüngt dich und unbeschwerte Gefühle aus deiner Kindheit kehren zurück…

Du hast Lust, durch das flache Wasser zu waten und das Wasser kann zaubern: Wenn du sonst über kalte Füße klagst, dann bekommst du hier die Wärme, die du brauchst… und wenn du sonst leicht ins Schwitzen kommst, so schenkt dir das Wasser eine köstliche Erfrischung… Es fällt dir ganz leicht, dich vom Meer verwöhnen zu lassen…

Über dir wölbt sich ein dunkelblauer Himmel mit weißen Wolken, die dir überraschende Bilder zeigen… Dir scheint, dass die Wolken deine Initialen auf den Himmel schreiben, als besonderen Gruß an dich…

Und wenn du deine Aufmerksamkeit wieder auf die Erde richtest, hörst du das Seufzen der Wellen, die gelassen den Strand hochrollen und mit deinen Füßen spielen, während du deinen Kurs änderst und zu einer kleinen Strandhütte gehst, wo dich ein tropisches Buffet erwartet…

Nachdem du dich im Schatten der Palmen erfrischt hast, meldet sich eine Stimme in dir, die dich zur Umkehr mahnt… Sehr bald musst du zum Flieger zurückkehren… Nimm noch einmal all die schönen Bilder in dein Gedächtnis auf, an denen du dich hier erfreut hast… Bewahre alle Erinnerungen an einem sicheren Ort in dir auf, damit du dich auch später daran erfreuen kannst…

Und das Beste ist: Du kannst jederzeit hierher zurückkehren, so oft du willst… Das macht den Abschied leichter, wenn du die Gangway zum Flieger betrittst… Du kennst die Prozedur: Du beginnst deine Reise als Passagier und nach dem Start verwandelst du dich in das Flugzeug… Dann wirst du zur Wolke und schließlich wirst du zum Himmel, der alles überblickt… die Wolken… das Flugzeug… und die Passagiere…

Und wenn du wieder an deinem Ausgangspunkt angekommen bist, dann fühlst du dich von Kopf bis Fuß erfrischt… offener, positiver, optimistischer, beinahe wie neu geboren…

Atme nun ein Mal langsam aus und öffne dann in deinem eigenen Rhythmus die Augen. Sei wieder hier, erfrischt und wach.

# Capri

Natur tut gut! Besonders wohltuend sind solche Erfahrungen, die unsere fünf Sinne aktivieren: Unsere Fähigkeit zu sehen und zu hören, zu riechen und zu schmecken und natürlich auch unsere taktile Empfindsamkeit. Die fünf Sinne vermitteln uns den Genuss, lebendig zu sein und das Leben von Augenblick zu Augenblick zu spüren. In südlichen Gefilden werden unsere Sinne besonders intensiv angesprochen, darum folgen so viele den Verlockungen der Mittelmeerländer. Die Insel Capri gilt als Inbegriff der Lebensfreude.

## Anleitung

Mach es dir auf deinem Platz bequem und schließ die Augen. Atme ein Mal langsam aus.

Stell dir vor, dass du am Strand des Mittelmeers wanderst... Der Himmel über dir ist dunkelblau, die Sonne überschüttet dich mit warmem Licht, der Sand ist heiß und schimmert blendend weiß...

Hinter dem Strand erheben sich Berge, bewachsen mit Zedern und Zypressen... Draußen auf dem Wasser schaukeln Fischerboote in der leichten Dünung... Sanft klingt auch die Stimme der Brandung und die Luft riecht nach Salz und Seetang...

Das Wasser zieht dich an. Du beugst dich hinab und schöpfst von dem Meerwasser... Und dann verlockt dich das Wasser zum Schwimmen... Du ziehst dich aus, schwimmst zu einem der Fischerboote und kletterst an Bord...

Der Fischer startet den Motor und nimmt Kurs auf eine kleine Insel... Der Wind trocknet dein nasses Haar und das Salzwasser hinterlässt glitzernde Kristalle auf deiner Haut...

In der Ferne erkennst du die bunten Fassaden von Häusern... Du hast Lust, an Land zu schwimmen und die Insel zu erforschen...

Du findest einen schmalen Pfad, der von Sträuchern eingerahmt ist und zu einem Weinberg führt, dessen dunkelblaue Trauben fast reif sind... Dann führt dich der Weg in ein kleines Wäldchen mit Zimtbäumen... Der Duft von Zimt hüllt dich ein. Du steckst dir ein Stück Zimtrinde in den Mund und genießt den süßlichen Geschmack, der dir aus Kindertagen vertraut ist...

Unter den Bäumen entdeckst du einen alten Brunnen... Hier

kannst du deinen Durst löschen... Zieh den hölzernen Eimer nach oben und trinke das kühle und süße Wasser...

Jetzt ist der richtige Augenblick für eine Siesta... Du legst dich in den Schatten der Zimtbäume, du atmest ihren Duft ein und schließt die Augen... Und dann träumst du einen besonderen Traum, den schon viele Menschen vor dir auf dieser Insel geträumt haben: Einen uralten Traum, der vom Zimt inspiriert ist... (1 Min.)

Und nun ist es Zeit, dass du die Insel wieder verlässt... Öffne in deinem Rhythmus die Augen. Sei wieder hier, erfrischt und wach.

# Hinter dem Horizont

Das Meer zieht unseren Blick automatisch in die Ferne, sodass wir uns fragen: Was erwartet uns hinter dem Horizont? Auf diese Frage müssen wir immer wieder eine Antwort finden.

**Anleitung**

Mach es dir auf deinem Platz bequem und schließ die Augen. Atme ein Mal langsam aus.

Stell dir vor, dass du am Strand entlangwanderst und auf das Meer hinausschaust… Du würdest gern wissen, was hinter dem Horizont ist. Was hinter dem liegt, was du in deinem Alltagsbewusstsein kennst… Du würdest gern dort hinausschwimmen, aber dann sagst du dir, dass es unmöglich ist, so weit zu kommen…

Aber deine Neugier lässt dein Herz schneller schlagen… Was würdest du machen, wenn du doch die Möglichkeit hättest, zum Horizont zu gelangen und darüber hinaus?… Du bist neugierig und möchtest den Horizont erkunden. Du gehst mit den Füßen in das Wasser… es fühlt sich warm und einladend an…

Und während du weiterwanderst und Ausschau hältst nach Strandgut und Abenteuern, entdeckst du ein kleines, stabiles Segelboot. Jetzt hast du die Wahl: Du kannst am Ufer bleiben und darüber nachdenken, was hinter dem Horizont kommt. Auch vor dem Horizont kann das Leben schön sein. Aber du kannst auch die Segel setzen und in See stechen… Dann musst du dich dem Meer anvertrauen und dem Rhythmus von Wind und Wellen folgen. Das Boot kann dich weit aufs Meer hinaustragen in Gegenden, die du noch nicht kennst… Du kannst deiner Neugier folgen und gespannt sein, was das Meer dir zeigen will…

Wozu neigst du in diesem Augenblick? Am Strand bleiben oder hinausfahren? Beide Möglichkeiten sind verlockend. Entscheide dich und erforsche deine Möglichkeiten… (1 Min.)

Und nun wird es Zeit, dass du Abschied nimmst von der Küste, vom Wasser, vom Horizont und vom Boot deiner Neugier…

Atme ein Mal langsam aus und öffne in deinem eigenen Rhythmus die Augen. Sei wieder hier, erfrischt und wach.

## Wind und Wellen

Das Gefühl von Hilflosigkeit erzeugt Stress. Wenn wir keine Kontrolle über unser Leben haben, dann fühlen wir uns verletzlich und reagieren mit Angst oder Aggression. Wenn wir unsere Belastungen in Grenzen halten wollen, dann sollten wir eine alte Philosophenregel befolgen: Wir akzeptieren das, was wir nicht ändern können. Wir gestalten das, was in unserer Macht steht.

Diese Haltung bewahrt uns vor den Extremen: vor Hilflosigkeit und Allmachtsphantasien.

### Anleitung

Mach es dir auf deinem Platz bequem und schließ die Augen. Atme ein Mal langsam aus und genieße es, dass du von Augenblick zu Augenblick lockerer wirst... ruhiger... friedlich und offen...

Stell dir vor, dass du auf einem Segelboot bist... du ganz allein... Langsam treibt das Boot auf dem Wasser... um dich herum siehst du Berge, bedeckt mit Wald und gekrönt von Kappen aus Schnee...

Du bist in der Mitte des Sees angekommen und genießt die frische, kühle Luft und den Duft der Nadelbäume... Eine sanfte Brise füllt das Segel und schiebt das Boot durch das Wasser...

Du fühlst dich ruhig und ausgeglichen... allein mit deinen Gedanken... allein mit den Geräuschen der Natur... Ein Gefühl von Frieden erfüllt dich, ohne Sorge und Not... Nichts stört die Harmonie und Balance...

Der Wind ist abgeflaut... Das Segel hängt schlaff herab... Um dich herum die regungslose Wasserfläche, die nur manchmal von einem springenden Fisch aus ihrem Dornröschenschlaf geweckt wird...

Die Sonne wärmt deine Haut und macht dich angenehm schläfrig... Friedliche Ruhe umgibt dich und lädt dich zum Ausruhen ein...

Du legst dich auf den Boden deiner Jolle... Über dir siehst du den blauen Himmel, kleine, weiße Wolken und die Spitzen der Berge. Dies ist deine Welt, übersichtlich und sicher...

Manchmal hörst du die Stimmen von Bauern oder Fischern, die Glocke einer Dorfkirche...

In dieser Ruhe kannst du dich immer tiefer entspannen, während das Boot ganz sachte über den See treibt, von einer kleinen Dünung sanft geschaukelt…

Und mit jedem Atemzug wirst du ruhiger… Hier hast du endlich Zeit, um über die Dinge nachzudenken, die dir Stress bereitet haben. Jetzt hast du Gelegenheit, sehr sorgfältig nachzudenken über die Bedeutung wichtiger Ereignisse…

Dir wird bewusst, dass du in vielen Situationen zu heftig reagiert hast… Du hast dich aufgeregt wie ein Wachhund, wenn ein Fremder auf den Hof kommt… Du entschließt dich, ruhiger zu reagieren und nicht jedes Mal sofort deine Truppen zu alarmieren… Wenn du angegriffen wirst, ist es besser, ruhig zu bleiben, gelassen, kontrolliert…

Stress entsteht, wenn du dir vorstellst, dass du angegriffen wirst, weil die anderen keinen Respekt vor dir haben, weil sie dir schaden wollen… Aber du hast die Wahl, du kannst ruhig bleiben und den Dingen auf den Grund gehen… Du kannst dir Zeit lassen und deine Entscheidungen in Ruhe überlegen…

Während du langsam ausatmest, kannst du diesen Frieden und diese Ruhe spüren, die dir Kraft und Zuversicht geben. Du kannst die Ruhe und die Wärme der Sonne genießen, die Geräusche der Natur, den Duft von Gras und Bäumen, das Rauschen des Wassers unter dir und die Harmonie der Natur… Dann werden alle Sorgen und Nöte viel kleiner, ja geradezu unbedeutend…

Du spürst eine Stärke, die tief aus dir selbst kommt, die immer bei dir ist und die nur manchmal von einem Schleier der Skepsis, des Pessimismus und des Misstrauens verdeckt wird… Und du weißt, dass du die Kraft und die Zuversicht in dir trägst und dass du sie jederzeit benutzen kannst, zum Segen aller Beteiligten…

Du weißt, dass es einfach und klug ist, dich vom sanften Wind treiben zu lassen, wohin er will, ohne dabei das Gefühl zu haben, vor dem Wind zu kapitulieren… Aber wenn der Wind auffrischt, dann kannst du dein Segel setzen und den Kurs bestimmen und außerdem kannst du deinen Motor starten, wenn du es für angebracht hältst. In jeder Situation kannst du dich entscheiden, für Passivität oder Aktivität… Du hast immer die Wahl und es kann sehr erholsam sein, dich treiben zu lassen und abzuwarten, wohin dein Boot dich mitnimmt…

Und immer, wenn du dich belastet oder gestresst fühlst, kannst du in dieses Boot steigen und dich über das Wasser treiben lassen. Du weißt, dass du auf diese Weise Kraft sparst, dass deine Stärke zunimmt und auch deine Fähigkeit, den richtigen Augenblick zu erspüren. Diese Fähigkeit wird zunehmen, von Tag zu Tag…

Und nun wird es Zeit, dass du hierher zurückkehrst. Öffne in deinem eigenen Rhythmus die Augen, sei wieder hier, erfrischt und wach.

# Neptuns Geschenk

Diese Phantasiereise entspannt und gibt uns Zugang zu unserem Unbewussten. Teilnehmer, die sich erschöpft fühlen, ausgelaugt und lustlos, können hier frische seelische Energie gewinnen. Denn auch wenn unser Tagesbewusstsein erschöpft ist, so versiegt die Vitalität unseres Unbewussten nicht. Es kommt nur darauf an, das wir unser Unbewusstes einladen: Bitte melde dich und schenke mir frische Impulse!

## Anleitung

Mach es dir auf deinem Platz bequem und schließ die Augen. Atme ein Mal langsam aus.

Stell dir vor, dass du irgendwo am Ufer des Meeres stehst. Wie sieht die Küste dort aus?… Lauf ein bisschen herum und betrachte deine Umgebung… Wie fühlt sich der Boden unter deinen Füßen an?… Bitte bück dich einmal und berühre den Boden… Was kannst du über ihn herausfinden?…

Geh jetzt näher an die Wasserlinie und halte eine Hand ins Wasser… Welche Temperatur hat es?… Wie riecht es?…

Geh ein Stück die Küste entlang und suche den Strand nach Treibgut ab… Was hat das Meer ans Ufer gespült?…

Geh immer weiter und beobachte den Himmel über dir… Wie ist das Wetter?… Kreisen Vögel über dem Strand?… Was für Vögel kannst du erkennen?…

Wie gefällt es dir hier, so dicht an der Quelle des Lebens? Erkunde den Strand auf eigene Faust und gestatte dir, neugierig zu sein… Das Meer hält immer Überraschungen für uns bereit… (1 Min.)

Schau jetzt hinaus aufs Meer… In welcher Stimmung ist das Wasser heute?…

Such mit den Augen den Strand nach beiden Seiten ab… Nun schau wieder geradeaus auf das Meer… Jetzt siehst du etwas… Ziemlich weit draußen kannst du etwas erkennen, das langsam auf dich zukommt… angetrieben von den Wellen und vom Wind…

Zuerst bist du wahrscheinlich unsicher, was da auf dich zukommt… und wie groß der Gegenstand ist… Aber wenn das Objekt näher herankommt, dann kannst du erkennen, was es ist… Sieh genau hin, wenn das Treibgut sich nähert und schließlich auf den Strand gespült wird…

Wenn das Objekt bei dir angekommen ist, dann untersuche es gründlich… Geh um deinen Fund herum und betrachte ihn von allen Seiten… Hast du so etwas schon einmal gesehen?… Berühre das Geschenk des Meeres und bemerke deine Gefühle dabei. Kannst du erraten, was mit diesem Objekt geschehen ist?… Woher es kommt?… Welche Umstände zu seiner Reise über das Meer geführt haben?…

Wie fühlst du dich bei dieser Untersuchung?…

Vielleicht bist du jetzt bereit, in deinem Fundstück ein Geschenk des Schicksals zu sehen… ein Geschenk des Meeres… ein Geschenk des alten Meeresgottes…

Nichts geschieht zufällig… Kannst du eine Botschaft an dich in diesem Geschenk erkennen?… Eine Wegweisung oder gar eine Warnung?… Das Leben spricht ständig mit dir und du kannst alle diese Botschaften zu deinem Besten benutzen… (30 Sek.)

Und nun wirf einen letzten Blick auf den Strand und die Küste… Hat sich hier irgendetwas verändert?…

Sag langsam Adieu zu Strand und Meer und zu dem Geschenk, das du hier bekommen hast… Wenn du dazu bereit bist, bedanke dich bei den höheren Mächten, die dir dieses Geschenk gemacht haben…

Und nun komm zurück zu deiner Existenz in diesem Raum… Öffne in deinem eigenen Rhythmus die Augen. Sei wieder hier, erfrischt und wach.

# Der Schatz am Meeresgrund

Auch hier können wir die Stimme des Unbewussten hören. Es kann sehr effektiv dazu beitragen, dass Stress in deinem Leben erträglicher wird und deine Widerstandskraft und Lebensfreude wachsen.

**Anleitung**

Mach es dir auf deinem Platz bequem und schließ die Augen. Atme ein Mal langsam aus.

Stell dir vor, dass dies ein warmer, sonniger Tag ist und dass du durch eine Landschaft wanderst, die wegen ihrer Schönheit von vielen geliebt wird. Du trägst ein Goldkettchen mit einem kleinen Diamanten. Jemand hat es dir geschenkt, damit es dich beschützt und dir besondere Kräfte verleiht. Mithilfe dieses Amuletts kannst du Dinge tun, die sonst kaum möglich wären…

Geh weiter und achte auf Veränderungen in der Landschaft, auf die besonderen Töne und Klänge der Natur und nimm die verschiedenen Düfte wahr, die du sonst vielleicht ignorierst…

Schließlich kommst du an ein großes Gewässer… vielleicht ist es die Küste des Meeres… vielleicht ein Binnensee… vielleicht das Delta eines Flusses…

Geh an das Ufer heran und entdecke dort ein Boot mit zwei Rudern…

Bitte um die Erlaubnis, das Boot auszuleihen… Klettere hinein, binde es los und fahre weit hinaus auf das Wasser… Dann kannst du die Ruder einziehen und dir eine Pause gönnen… Das Boot bleibt an derselben Stelle, sanft geschaukelt vom Atem des Wassers…

Genieße es, so sanft geschaukelt zu werden wie ein kleines Kind in den Armen der Eltern: Frieden, Sicherheit und Ruhe umgeben dich…

Das sanfte Schaukeln löst körperliche Spannungen, Schmerzen und Unbehagen und verwandelt mentale Unruhe, Ängste und Sorgen in Gelassenheit…

Nach einer Weile vergisst du das Boot und vergisst auch dich selbst, weil du fast vollständig mit deiner Umgebung verschmilzt…

In diesem Augenblick bist du ein Teil der Natur von Wasser, Sonne und Wind…

Das Leben sorgt ständig für Überraschungen, auch wenn es uns manchmal anders vorkommt, und so bist auch du überrascht, denn plötzlich hast du das sichere Empfinden, dass das Schicksal dich genau an diese Stelle geführt hat… Unmittelbar unter dir wartet ein verborgener Schatz, der dir gehört… Diese Einsicht weckt dich und fokussiert deine Aufmerksamkeit… Du schaust ins Wasser und versuchst, in der Tiefe Hinweise auf deinen Schatz zu entdecken… Aber noch kannst du nichts sehen. Darum springst du über Bord und tauchst hinab… Du vertraust auf die beschützende Kraft deines Amuletts…

Vielleicht musst du unter Wasser ein wenig suchen, um deinen Schatz zu finden…Voller Zuversicht suchst du den Grund ab, bis du den Schatz entdeckt hast… Untersuche ihn gründlich, soweit das in der Tiefe möglich ist… Dein Talisman verleiht dir einen langen Atem, sodass du in Ruhe entscheiden kannst, ob du den Schatz heben und ihn an Bord bringen willst oder ob du ihn lieber im Wasser lässt…

Wenn du den Schatz behalten möchtest, dann bring ihn nach oben in dein Boot und untersuche ihn in aller Ruhe… Frage dich, welche Veränderungen der Schatz in dein Leben bringen wird… Was du dann machen kannst und willst, was dein Fund dir ermöglichen wird…

Und wenn du ganz sicher bist, dass du dieses Geschenk der Tiefe behalten möchtest, dann rudere zurück zur Küste und beobachte dabei deine Gefühle und Gedanken…

Auch jetzt noch kannst du dich anders entscheiden, dich von deinem Schatz trennen und ihn dem Wasser zurückgeben…

Wenn du an das Ufer zurückgekehrt bist, binde das Boot fest und nimm Abschied…

Lass die Bilder dieser Phantasiereise verblassen und öffne in deinem eigenen Rhythmus die Augen. Sei wieder hier, erfrischt und wach.

## Der Fluss

Wir alle haben eine tiefe innere Verbindung zum Wasser. Wasser inspiriert uns, es tröstet uns und macht uns Angst. Es ruft Gefühle von Andacht, Freude und Ekstase in uns wach. Und fast immer, wenn Menschen ans Wasser denken, haben sie intensive Gefühle.

### Anleitung

Mach es dir auf deinem Platz bequem und schließ die Augen. Atme ein Mal langsam aus.

Stell dir vor, dass du am Ufer eines Flusses sitzt… Es ist ein warmer Sommertag und die Natur, Tiere und Pflanzen, genießt Wärme und Licht… Der Fluss sorgt dafür, dass alle Lebewesen reichlich zu trinken haben…

Wenn du genau hinhörst, bemerkst du das Summen der Insekten im Gras… Genieße auch den Gesang der Vögel, die einander liebevolle Botschaften zurufen…

Du riechst das frische Wasser des Flusses, das sanft gurgelnd an den Ufern entlanggleitet… Halte eine Hand hinein und prüfe, ob die Temperatur dich schon zum Schwimmen einlädt…

Auf der Wasseroberfläche kannst du kleine Strudel und Wellen beobachten… Manchmal siehst du Blätter und Zweige, die von der Strömung mitgeführt werden… Langsam treiben sie heran und langsam schwimmen sie davon… Du fragst dich, was du selbst erleben könntest, als Blatt auf dem Wasser…

Eine gewisse Trägheit breitet sich in dir aus und du legst dich zurück in das Gras und genießt die Wärme der Sonne auf deiner Haut… und die frische Luft, die über dem Wasser liegt…

Du beobachtest, dass dein Bewusstsein sich ebenfalls Ruhe und Erholung gönnt… Es erscheint dir wie Sekunden, aber es können auch ausgedehnte Momente sein, in denen deine Aufmerksamkeit ganz nach innen geht und du davon träumst, mit dem Wasser weit weg zu fließen, zu unbekannten Ufern und vielleicht sogar zu den Inseln der Glückseligkeit… (1 Min.)

Nun kannst du dein Tagesbewusstsein wieder aktivieren und mit deiner Aufmerksamkeit hierher zurückkehren. Atme ein Mal langsam aus und öffne in deinem eigenen Rhythmus die Augen.

# Einem Strom folgen

Der Fluss ist ein Symbol, das in allen spirituellen Traditionen der Welt verankert ist. Der Lauf des Flusses, von der Quelle bis zum Meer, reflektiert den Ablauf des menschlichen Lebens. Hindernisse symbolisieren Konflikte, die Fließgeschwindigkeit reflektiert Vitalität und Libido, die Klarheit des Wassers symbolisiert die Schärfe des Bewusstseins und den Grad der Erleuchtung.

Wie bei allen Symbolen, hat jeder seine eigene, ganz persönliche Form der Identifikation, aber es gibt wohl niemanden, der von dem Bild des Flusses nicht fasziniert wäre.

**Anleitung**

Mach es dir auf deinem Platz bequem und schließ die Augen. Atme ein Mal langsam aus.

Stell dir nun vor, dass du dem Lauf eines Flusses folgst, von der Quelle bis zur Mündung... Wenn du Schwierigkeiten hast, die Quelle zu finden, dann kannst du auch an irgendeiner anderen Stelle beginnen, den Fluss zu begleiten...

Bemerke, wie breit der Fluss ist und wie tief das Wasser sich eingegraben hat... Gibt es irgendwelche Hindernisse, mit denen der Fluss zu kämpfen hat?... Große Felsen, Wasserfälle, eine Wüste, die der Fluss vielleicht unterirdisch durchqueren muss, Staudämme oder Schleusen?...

Wie ist das Temperament deines Flusses?... Eher ruhig... eher aufgeregt?... Wie ist die Wasserqualität?... Klar oder trüb?... Welche Zuflüsse nimmt der Fluss in sich auf?...

Hat dein Fluss mit besonderen Krisen zu kämpfen?... Mit Trockenheit oder Überschwemmungen?...

Für wen ist der Fluss wichtig?... Wer fühlt sich für den Fluss verantwortlich?...

Folge dem Fluss eine Weile und lass deiner Neugier freien Lauf... (1 Min.)

Kehre nun mit deinem Bewusstsein langsam zurück... Atme ein Mal langsam aus und öffne die Augen...

Nimm dir einige Blatt Papier und zeichne das Bild deines Flusses.

Nimm dir dann Zeit für eine besondere Reflexion. Schreibe einen Brief an den Fluss und erzähle ihm, welche Ähnlichkeiten du siehst zwischen seinem Wasser und deinem Lebenslauf. (15 Min.)

# Von der Quelle bis zur Mündung

Flussläufe erinnern uns an die Dynamik unseres eigenen Lebens. Wir beginnen fragil und brauchen lange, um Stabilität und Gestaltungskraft zu entwickeln. Das Bild des Flusses bringt darüber hinaus wichtige Qualitäten ins Spiel:

- Stärke und Vitalität,
- Macht und Freiheit,
- Vermischung und Dominanz,
- Kontrolle und Gängelung, und vieles mehr.

Das Bild eines Wasserfalls erinnert uns an Krisen und Traumatisierungen. Die Vereinigung mit dem Ozean ruft die Sehnsucht nach Zugehörigkeit in uns wach. Das Bild der Quelle erinnert uns an unser Bedürfnis nach Erneuerung.

### Anleitung

Mach es dir auf deinem Platz bequem und schließ die Augen. Atme ein Mal langsam aus.

Stell dir vor, dass du in einer Hügellandschaft stehst oder in den Bergen... Es soll ein Platz sein, wo die Quelle eines Wasserlaufes entspringt. Das muss kein Ort sein, den du kennst. Lass einfach Bilder kommen, die in dir aufsteigen... Wo beginnt dieser Fluss?... Schau dich dort um... Was ist das für ein Landschaft?... Wie fühlst du dich an diesem Platz?... Sind dort noch andere Lebewesen?... Menschen oder Tiere, Geister oder Dämonen?... Finde möglichst viel heraus über den Ursprung dieses Flusses...

Und nun konzentriere dich bitte auf das Wasser... Wie klar oder wie trüb ist es?... Wie strömt das Wasser?... Sacht und spielerisch... mächtig und kraftvoll?...

Halte eine Hand in das Wasser und prüfe seine Temperatur und seinen Geschmack...

Achte auch auf die Töne des Wassers, wenn es durch das Land strömt... Wie hört sich die Musik deines Flusses an?...

Nun begleite den Fluss, indem du ihm am Ufer folgst... Wie verändert sich der Fluss von Kilometer zu Kilometer... Wie verändert sich die Landschaft?...

Nun hörst du ein Rauschen, das immer lauter wird. Nach einer Biegung kannst du dann einen Wasserfall sehen, in dem sich der Fluss in die Tiefe stürzt… Was ist das für ein Wasserfall?… Wie hoch ist er und wie viel Wasser stürzt dort hinab?…

Wenn du gerade abenteuerlustig bist, kannst du dich mit dem Wasser hinabstürzen…

Und wenn du lieber um den Wasserfall herumgehst, dann ist auch das eine weise Entscheidung, denn die Natur hat bestimmt, dass wir Menschen auf dem Land leben sollen und nicht im Wasser…

Wie geht es weiter?… Wie lange braucht der Fluss noch, bevor er sich mit dem Meer vereinigt?… Durch welche Landschaften strömt er?… Was verändert sich am Unterlauf des Flusses?…

Beobachte nun die heilige Hochzeit von Fluss und Meer. Was empfindest du dabei? Welche Gefühle und Gedanken hast du bei dieser Vereinigung?…

Und ehe du mit deiner Aufmerksamkeit hierher zurückkehrst, mach dir bitte klar, wie der Kreislauf des Wassers weitergeht… Über dem Meer werden sich Wolken bilden, Wolken aus dem Wasser von Fluss und Ozean und dieses Wasser wird seinen Weg auch zu der Quelle finden, wo die Reise des Flusses ihren Anfang nahm…

Ganz zum Schluss noch ein Gedanke: Dein Körper besteht zu siebzig Prozent aus Wasser, das es schon seit Millionen von Jahren gibt. Wie gefällt dir diese Vorstellung?…

Komm nun mit deiner Aufmerksamkeit hierher zurück… Atme ein Mal langsam aus und öffne in deinem eigenen Rhythmus die Augen.

# Der See

Flüsse, Meere und Binnenseen haben sich den Wanderungen der Menschen immer wieder entgegengestellt. Wie komme ich von der einen Seite auf die andere? Wo finde ich eine Furt? Wo finde ich einen Fährmann? Oder muss ich ein Floß oder ein Schiff bauen, um auf die andere Seite zu gelangen?

Wir können die Zweiufersymbolik benutzen, um eine psychologische Entwicklung zu beschreiben: Ich gehe vom Ufer der Trauer hinüber ans Ufer der wiedergewonnenen Lebensfreude. Ich komme vom Land des Krieges in das ersehnte Land des Friedens, vorausgesetzt, dass mein Entschluss fest und mein Wille stark ist.

## Anleitung

Mach es dir auf deinem Platz bequem und schließ die Augen. Atme ein Mal langsam aus.

Stell dir vor, dass du am Ufer eines Sees stehst und hinüberblickst auf das andere Ufer. Hier, wo du jetzt stehst, ist das Land der ängstlichen und sorgenvollen Gefühle: Das Wasser ist wild, mit Strudeln und tückischen Strömungen, aufgepeitscht von Wind und Wetter...

Auf der anderen Seite liegt ein ganz anderes Land, mit Menschen, die das helle Licht der Sonne genießen, den Frieden der Natur, eine Atmosphäre des Wachstums und der Fruchtbarkeit... Das ist das Land der positiven Gefühle...

Und nun sieh und erlebe, wie du es schaffst und anstellst, den See zu überwinden... Du musst dich darauf einstellen, dass dir diese Überquerung nicht in den Schoß fällt... Du brauchst Entschlossenheit und Durchhaltevermögen... Du kannst ein Ruderboot benutzen, ein Kajak oder Kanu... Und wenn du willst, kannst du auch schwimmen... Du wirst dich vergeblich nach einer Fähre umsehen oder nach einem bequemen Motorboot...Diese Überfahrt gelingt nur dem Entschlossenen, jemandem, der weiß, was er will...

Nicht nur Wind und Wellen müssen bezwungen werden, auch andere Hindernisse werden sich dir in den Weg stellen: Selbstzweifel, Mutlosigkeit, Pessimismus...

Aber eine Stimme in dir sagt: Ja, ich kann es schaffen... Und vielleicht siehst du in diesem Augenblick deine Vorbilder, die dir gezeigt haben, dass Entschlossenheit Berge versetzen kann... Vielleicht hörst du auch eine Stimme vom anderen Ufer, die deinen Namen ruft und die Worte: Ich warte auf dich...

Wenn du bemerkst, dass deine Kräfte nachlassen – und das ist vor dir schon vielen passiert, weil es ganz natürlich ist, – dann kannst du eine Pause einlegen und dich auf einer der kleinen Inseln im See ausruhen und sie als Sprungbrett für deine weitere Reise ins Licht benutzen... (1 Min.)

Und wenn du schließlich die helle, ersehnte Küste erreichst, was ganz sicher geschehen wird, dann wirst du etwas Wunderbares erleben: Du wirst eine Welle der Zuversicht und der Hoffnung spüren, dass du dein Leben so führen kannst, wie du es möchtest, dass du mit Schwierigkeiten zurechtkommst und dass du deine Talente ausschöpfen kannst... (1 Min.)

Betrachte nun, was es am anderen Ufer des Sees alles gibt... Vielleicht bist du erschöpft, aber stolz und dankbar, dass dir dieses Wunder gelungen ist...

Komm nun mit deiner Aufmerksamkeit hierher zurück und atme ein Mal langsam aus... Öffne in deinem eigenen Rhythmus die Augen und sei wieder hier, erfrischt und wach.

## Die Quelle

Die Quelle ist ein schönes Symbol für unsere unbewussten Ressourcen: Lebenskraft, Intuition und Kreativität. Um davon profitieren zu können, müssen wir Vertrauen haben und an unsere inneren Stärken glauben.

### Anleitung

Mach es dir auf deinem Platz bequem und schließ die Augen. Atme ein Mal langsam aus.

Stell dir eine Quelle vor, die zwischen Felsen entspringt... Du siehst das klare Wasser in der Sonne glitzern und du hörst ab und zu ein feines Plätschern im Schweigen, das die Quelle umgibt. Dies ist ein heiliger Ort, wo alles heller ist, wesentlicher, ursprünglicher...

Erlaube dir, von diesem heiligen Wasser zu trinken und spüre, wie die geheimnisvolle Kraft des Wassers sich in deinem Körper ausbreitet und auch dein Herz weit macht, sodass du dich leicht und lebendig fühlen kannst...

Du bemerkst, dass dein Verlangen nach dem Wasser dieser Quelle stärker wird. Geh dicht an die Quelle heran und lass das Wasser über deine Hände strömen... Stell dir vor, dass es die Kraft hat, in jede Zelle deines Körpers zu fließen und ihr neue Kraft zu geben...

Stell dir auch vor, wie das Wasser alle deine Empfindungen und Gedanken durchströmt und reinigt... Dieses Wasser ist in der Lage, seelische Schadstoffe aus deinem Organismus herauszuwaschen, die du Tag für Tag dort speicherst: Frustration, Bedauern, Sorgen, Zorn, Feindseligkeit, Hilflosigkeit, Hoffnungslosigkeit...

Allmählich geschieht das Wunder und du verliebst dich in dieses Wasser, so sehr, dass du für einen winzigen Augenblick mit ihm verschmilzt... Die Klarheit des Wassers wird auch deine Klarheit... Und du möchtest immer wieder zu diesem Gefühl zurückkehren. Darum beschließt du, ein Fläschchen mit diesem heilenden Wasser zu füllen, um es immer bei dir zu haben... Und immer wenn du Unterstützung bekommen möchtest, kannst du dein Zauberfläschchen an die Lippen setzen und darauf vertrauen, dass das reine Quellwasser dir einen neuen Start ermöglicht...

Komm nun bitte mit deiner Aufmerksamkeit hierher zurück, atme ein Mal langsam aus und öffne dann in deinem Rhythmus die Augen. Sei wieder hier, erfrischt und wach.

# Der Springbrunnen

In unserer Kultur lernen wir, dass es oft unangebracht ist, Gefühle spontan zu äußern. Das gilt besonders für negative Gefühle. Erwünscht ist vor allem, wenn wir mitteilen, dass es uns gutgeht, dass wir uns in der Gruppe wohlfühlen und keine Kritik an den Menschen in unserem Umfeld anzumelden haben. Da das so ist, benutzen wir einen Filter und bremsen unser expressives Verhalten. Ein Teil unserer Energie wird dadurch gebunden, unsere Kreativität lässt nach und die Gefahr unkontrollierter Gefühlsausbrüche wächst.

Hier versuchen wir den Teilnehmern Mut zu machen, weniger Angst vor den eigenen Gefühlen zu haben. Gefühle sind Kinder unseres Herzens. Wir dürfen sie nicht unterdrücken. Wir entscheiden, was wir sagen oder tun können.

**Anleitung**

Mach es dir auf deinem Platz bequem und schließ die Augen. Atme ein Mal langsam aus.

Stell dir vor, dass du zu einem freien Platz mit einem Springbrunnen kommst... An ihm freuen sich die Spaziergänger und die Vögel können hier ihren Durst stillen. Der Brunnen gibt allen ein positives Gefühl. Auch eilige Passanten bleiben an dem Springbrunnen stehen und ruhen für kurze Zeit aus. Das Wasser erfrischt sie und hilft ihnen für einen Augenblick, achtsam zu sein...

Stell dir nun vor, dass du dicht an den Springbrunnen herantrittst, der im Augenblick gestört zu sein scheint. In seinem Becken glitzert das Wasser, aber die Fontäne steigt nicht mehr auf. Betrachte den Springbrunnen und seine Umgebung. Wie fühlst du dich?... Nun schau noch etwas genauer hin und bemerke, dass ein kleiner Stein den Brunnen blockiert... Vielleicht hast du jetzt ein wenig Mitleid mit dem Springbrunnen... Vielleicht kennst du solche Situationen, in denen du dich gebremst, behindert oder abgeschnürt fühlst...

Hast du Lust, dich für ein paar Augenblicke mit dem Wasser zu identifizieren?... Wie fühlt sich das für dich an?... Bist du als Wasser warm oder kalt?...

Und jetzt hast du Glück. Ein Kind hat den Stein entdeckt und ruft vergnügt: «Ich befreie dich!» Sobald der Stein entfernt ist, beginnst du wieder zu strömen, schneller und schneller und höher und höher… Genieße die Empfindung von Kraft und Vitalität… Als Fontäne fühlst du dich unerschöpflich… Vielleicht genießt du auch die Zufriedenheit der Besucher, die sich daran freuen, dass du wiederhergestellt bist und den Platz mit neuem Leben erfüllst…

Und nun sei wieder du selbst. Genieße das freie Atmen und komm dann mit deiner Aufmerksamkeit hierher zurück. Öffne in deinem eigenen Rhythmus die Augen und sei wieder hier, erfrischt und wach.

## Wasser in der Wüste

Wir alle haben einen Vorrat latenter Kreativität in uns, aber wir wissen oft nicht, wo diese Kreativität steckt, wie wir sie herauslassen und ihr Ausdruck geben können. Angst und Vorurteile bilden einen Wall, der uns nach außen schützen soll, der aber zugleich unsere innere Vitalität eindämmt. Neugier nach außen und innen kann uns aus dieser misslichen Situation befreien. Sie lässt die Quelle unserer Lebenslust wieder sprudeln.

### Anleitung

Mach es dir auf deinem Platz bequem und schließ die Augen. Atme ein Mal langsam aus und gestatte deinem Körper, sich mehr und mehr zu entspannen.

Nun stell dir vor, dass du mit einer Gruppe von Forschern unterwegs bist. Die Reise führt durch die Wüste und die Gruppe hat sich dafür entschieden, sich von Kamelen tragen zu lassen… Ihr seid jetzt kurz vor dem Tagesziel, einer großen Oase. Die Kamele gehen etwas schneller und heben erwartungsvoll ihre Köpfe.

In der Oase angekommen, steigst du von deinem Kamel und reckst und streckst dich nach dem langen, anstrengenden Ritt. Deine Freunde eilen sogleich zu dem großen Wasserbecken in der Mitte der Oase, um sich zu erfrischen, aber du schiebst das Bedürfnis nach Erfrischung noch ein wenig auf. Du hast einen schmalen Weg entdeckt, der durch Palmen und Sträucher an eine menschenleere Stelle führt…

Deine Neugier wird belohnt und du findest einen kleinen, einsamen Teich, dessen Wasser unter einem massiven Felsblock hervorsprudelt. Du steckst deine Hände in das klare und kühle Wasser und beginnst, deinen Durst zu stillen. Am Ufer findest du einen Platz, wo du ausruhen kannst und du legst dich auf den Boden, erleichtert nach den Anstrengungen des Tages. Du genießt die Einsamkeit und bist froh, dass du deiner inneren Stimme gefolgt bist. Hier kannst du dich entspannen und dich der Natur anvertrauen und den geheimnisvollen, heilenden Kräften der Oase. Und voller Vertrauen zu all den Reisenden, die vor dir hier geruht haben und mit der Weisheit der Wüste gesegnet wurden, schläfst du ein…

Schlafend empfindest du das Glück der Oase… (1 Min.)

Langsam spürst du, wie deine Lebensgeister zurückkehren… Du bemerkst, dass die Luft um dich herum kühler und feuchter geworden ist und du weißt, dass es Zeit ist, zu deiner Reisegruppe zurückzukehren. Du hörst ihre Stimmen und findest sie versammelt um ein Feuer. Jetzt freust du dich auf die Gesellschaft deiner Begleiter und auf die Geschichten, die am Feuer erzählt werden.

An diesem Abend weißt du, dass diese Reise alle Mühsal wert ist. Dein Leben könnte nicht besser sein…

Nun wird es Zeit, dass du mit deiner Aufmerksamkeit hierher zurückkehrst. Atme ein Mal langsam aus und öffne in deinem eigenen Rhythmus die Augen. Sei wieder hier erfrischt und wach.

# Der Teich

Menschen lieben Springbrunnen und Wasserfälle, sie lassen sich vom Wasser eines Teichs oder Sees, von Bächen, Flüssen und Meeren fesseln. In der Bewegung des Wassers sehen wir Muster, die sich nie wiederholen, aber doch eine beruhigende Ähnlichkeit aufweisen. Unsere Aufmerksamkeit wird gefangen durch die Kombination von Neuheit und Wiederholung, sodass eine erholsame, automatische Aufmerksamkeit entsteht.

Wir können stundenlang das Wasser beobachten, ohne uns zu langweilen. Und ein Bild von bewegtem Wasser hat die Energie, negative Gefühle aufzulösen. Selbst die Vorstellung eines stillen Gewässers löst Überreizungen auf und gibt uns das Gefühl von Frieden und Ruhe.

Anspannung und Entspannung sind Geschwister in unserem Energiehaushalt. Wer sich bewusst aufregen kann, der hat es in der Regel leichter, sich willentlich zu beruhigen.

### Anleitung

Mach es dir auf deinem Platz bequem und schließ die Augen. Atme ein Mal langsam aus.

Stell dir vor, dass du am Rande eines stillen Teichs stehst, in einer Landschaft, die deine Sinne anspricht. Du genießt die Ruhe der Natur, die frische Luft und die Einsamkeit…

Du bekommst Lust, deiner Umgebung mitzuteilen, dass du präsent bist. Du möchtest ihr ein Zeichen geben. Darum hebst du einen schweren Stein auf und stemmst ihn hoch über deinen Kopf. Dann lässt du diesen massiven Stein ins Wasser fallen – du beobachtest seinen Sturz in Zeitlupe… den Aufprall auf dem Wasser… das Eintauchen und das Hinabsinken auf den Grund des Teichs… All das siehst du in einer langsamen Bildfolge, sodass du dem Stein mit deinen Gefühlen folgen kannst…

Du siehst auch, wie sich das Wasser über dem Stein wieder schließt und wie kleine Wellen sich auf der Oberfläche in konzentrischen Kreisen ausbreiten. Diese Wellen haben eine hypnotische Kraft. Es ist erstaunlich, wie ein einzelner Stein so viele Wellen in Bewegung setzen kann, eine nach der anderen… Beobachte, wie die

Wellen langsam flacher werden, je weiter sie sich entfernen, bis sie schließlich vollständig verschwinden. Und am Ende liegt der ganze Teich still vor dir, wie ein Spiegel.

Wenn du es wolltest, könntest du dein Spiegelbild darin erkennen. Du könntest dir in die Augen sehen. Vielleicht hat dein Gesicht einen ernsten Ausdruck, vielleicht kannst du aber auch ein halbes Lächeln bemerken, einen Ausdruck der Entspannung und der Freude, dass diese einfache Aktion so schöne Auswirkungen hatte.

Und wenn du bereit bist, dann kehre mit deiner Aufmerksamkeit hierher zurück. Öffne in deinem eigenen Tempo die Augen und sei wieder hier, erfrischt und wach.

# Die Pilgerreise

Unser Unbewusstes glaubt an die heilende Kraft des Wassers. Wir können diese uralte Überzeugung dazu benutzen, unser Immunsystem zu stärken und unsere physische und emotionale Widerstandskraft zu erneuern. Und wenn wir krank sind, können wir die modernen Methoden der Ärzte ergänzen durch die alte Technik der Hypnose.

**Anleitung**

Mach es dir auf deinem Platz bequem und schließ die Augen. Atme ein Mal langsam aus.

Stell dir vor, dass du auf einer Pilgerreise bist. Du gehst einen Weg, den vor dir schon andere gegangen sind. Sie alle haben diesen Pfad gewählt, um an jene Quelle zu gelangen, aus der heilendes Wasser sprudelt. Die Überlieferung sagt, dass dieses Wasser Schmerzen lindern, Krankheiten heilen und seelisches Leid trösten kann.

Und wenn du diesen Weg einschlägst, dann öffne all deine Sinne, damit du mit jedem Schritt dazu beiträgst, deine Lage zu verbessern.

Natürlich ist dieser Weg keine Schnellstraße, sondern ein Pilgerpfad, den du in ruhigem Tempo gehst. Ab und zu gibt es Hindernisse zu überwinden. Wenn du auf ein Hindernis stößt, das deinen Weg verstellt, dann benutze all deine Sinne und all deine Intuition, um möglichst viel daraus zu lernen.

Unterwegs triffst du eine Reihe von Bundesgenossen: Pflanzen, Tiere, die vier Elemente, hilfsbereite und weise Menschen. Und vergiss nicht, dich an die höheren Mächte zu wenden und sie, wenn nötig, um Unterstützung zu bitten… (1 Min.)

Jetzt bemerkst du, dass dein Pilgerpfad bergab führt. Du erreichst die Quelle des heilenden Wassers. Erforsche diese Quelle und ihre Umgebung mit allen deinen Sinnen. Achte auf die Landschaft, auf Pflanzen und Tiere, den Stand der Sonne und die Jahreszeit.

Vielleicht hat die Quelle einen Hüter, der sie bewacht. Wenn du auf einen solchen Wächter triffst, dann begrüße ihn und mach dich mit ihm bekannt. Bitte ihn um Erlaubnis, das Wasser zu berühren. Und nun wirst du gleich eine positive Überraschung erleben. Die Quelle hat nämlich drei Geschenke für dich: eines davon schwimmt oben auf dem Wasser, ein Geschenk schwebt mitten darin und ein Geschenk liegt auf dem Grund.

Eine Inschrift fordert dich auf, der Quelle selbst auch ein Geschenk zu machen, eine Opfergabe, die du bei der Quelle zurücklassen musst. Was bekommst du von der Quelle? Was machst du ihr zum Geschenk?… (1 Min.)

Zum Schluss kannst du der Quelle danken und Adieu sagen, ehe du deinen Rückweg antrittst. Bemerkst du irgendeine Veränderung auf deinem Pilgerpfad, während du zurückgehst?…

Merke dir den Weg zu der Quelle, damit du sie aufsuchen kannst, wenn du später den Wunsch hast.

Und wenn du bereit bist, dann komm mit deiner Aufmerksamkeit hierher zurück, atme ein Mal langsam aus und öffne in deinem eigenen Rhythmus die Augen. Sei wieder hier, erfrischt und wach.

**Anmerkung**

Zur Vertiefung können die Geschenke gezeichnet oder in einem kurzen Text beschrieben werden.

# Wasser des Lebens

Vor über fünfhundert Jahren suchte der Schriftsteller Ponce de León nach der Quelle ewiger Jugend. Vermutlich hat er sie an der falschen Stelle gesucht. Die Quelle der Jugend und ihre Schwester, der Brunnen der Gesundheit, sind auf keiner Landkarte verzeichnet. Beide liegen in uns selbst. Sie sind tief mit unserem Unbewussten verbunden.

**Anleitung**

Mach es dir auf deinem Platz bequem und schließ die Augen. Atme ein Mal langsam aus.

Stell dir vor, dass du einen schmalen Weg entlanggehst, neben dem steile Felsen in einen leuchtend blauen Himmel emporragen. Du kannst deinen Atem hören und das Knirschen deiner Schritte auf dem felsigen Untergrund…

Dies ist ein kühler und klarer Tag, der alle deine Sinne belebt. Der Weg macht eine enge Kurve und gleich danach findest du die Öffnung einer Höhle. Du bist neugierig und gehst langsam in die dunkle Höhle hinein. Zum Glück findest du eine altmodische Lampe, wie sie Bergleute früher benutzten. Zünde die Lampe an. Deine Lampe scheint hell; sie umgibt dich mit einem Hof aus goldenem Licht. Darin fühlst du dich sicher und behütet.

Die Tiefe der Höhle zieht dich magisch an. Du findest leicht deinen Weg mithilfe der zuverlässigen Laterne. Schritt für Schritt steigst du tiefer hinab, bis du zur Öffnung eines Tunnels gelangst, in dem du bequem stehen kannst. Das Licht deiner Lampe zeigt die roh behauenen Wände des Tunnels, die von goldfarbenen Streifen durchzogen sind.

Am Ende des Tunnels sind Stufen in den Fels gehauen. Sie führen in die Tiefe. Zähle jede Stufe, die du hinabgehst. Auf der letzten Stufe entdeckst du eine persönliche Botschaft. Dort liegt ein Papier mit deinem Namen und deinem Geburtsdatum. Das gibt dir das Empfinden, willkommen zu sein und eingeladen, weiterzugehen. Vor dir liegt eine große Halle, an deren Ende du ein flackerndes Licht siehst. Während du auf das Licht zugehst, hörst du das Rauschen von Wasser, das immer lauter wird.

Am Ende der Halle betrittst du durch einen Torbogen einen kleineren Raum, in dessen Mitte du ein Wasserbecken erkennst. Du stehst vor deinem eigenen Gesundbrunnen. Das Wasser plätschert über sieben goldene Stufen herab, die in immer größer werdenden Bögen in ein rundes Bassin herabführen.

Das Wasser leuchtet und funkelt und spendet dem ganzen Raum einen hellen Glanz. Fußboden, Wände und die gewölbte Decke sind mit Amethyst, Rosenquarz und Bergkristall verkleidet. Feine Adern aus Gold und Silber durchziehen Wände und Decke.

Das Wassers des Beckens leuchtet in verschiedenen Farben: Erdbeerrot, Mintgrün und Champagnergold…

Wenn du an das Becken herantrittst, wirst du mit einem feinen Wassernebel begrüßt. Auf einer Säule in der Mitte des Beckens steht ein funkelnder Kelch. Er lädt dich ein, von dem Wasser zu schöpfen.

Du setzt den Kelch an die Lippen und trinkst von dem Wasser. Du hast noch nie etwas Vergleichbares getrunken… Mit jedem Schluck spürst du eine Welle der Energie durch deinen Körper strömen.

Dir wird klar, dass du hier von Kopf bis Fuß erneuert wirst, physisch und emotional. Verletzungen und Störungen werden aus deinem Organismus entfernt. Jeder Teil deines Körpers wird lebendiger und jünger. Du fühlst dich vollständig erfrischt.

Und auch deine Hemmungen weichen einer gesunden Neugier. Du spürst eine neue Willensstärke und Entschlossenheit.

Auch wenn du früher gezweifelt hast, ob es einen solchen Jungbrunnen irgendwo auf der Welt geben könnte, so hast du jetzt Gewissheit. Nachdem du einmal hier gewesen bist, kannst du jederzeit zurückkommen, um deine Lebenskraft mit einem erfrischenden Trank aus der Wunderquelle zu erneuern…

Verneige dich, ehe du gehst, vor den unsichtbaren, guten Geistern der Quelle und sprich ein paar Worte der Dankbarkeit.

Und wenn du bereit bist, dann kannst du nun mit deiner Aufmerksamkeit hierher zurückkehren. Atme ein Mal tief aus und öffne in deinem eigenen Rhythmus die Augen, sei wieder hier, erfrischt und wach.

# Loslassen

Sorgen und verstörende Gedanken können zu einer krank machenden Gewohnheit werden. Ein Problem reiht sich an das andere und hinterlässt ein Gefühl der Anstrengung und im schlimmsten Fall der Hilflosigkeit. Erinnerungen und Bilder von Gefahren, Verlusten, Niederlagen oder Beschämungen drängen an die Oberfläche unseres Bewusstseins. Dann empfinden wir mehr Angst, Trauer, Scham oder Ärger als notwendig wäre. Es ist wichtig, diese unheilvolle Angewohnheit zu beenden.

## Anleitung

Mach es dir auf deinem Platz bequem und schließ die Augen. Atme ein Mal langsam aus.

Stell dir einen Fluss vor, der von den Bergen herabströmt und im Laufe der Zeit sein Bett immer tiefer in den Fels gegraben hat. Es ist Herbst und das Laub der Bäume steht in Flammen: Rot, Orange, Gelb und Purpur. An einigen Stellen nimmt der Fluss eine Biegung und verschwindet dann für eine Weile aus deinem Blickfeld.

Ein zarter Nebel liegt über dem Wald. Grüne Fichten erheben sich über die leuchtenden Herbstfarben der Laubbäume. Du stehst am Ufer des Flusses und riechst die feuchte Erde des Waldes. Das Rauschen des Wassers übertönt die Stimmen der Vögel. Und je länger du dem Wasser zuschaust, desto tiefer kannst du dich entspannen. Du überlässt dem Wasser jede innere Anstrengung und lässt alle Sorgen und Nöte, Probleme und Unsicherheiten aus dir hinaus... Und jedes Mal, wenn eine Sorge dir durch den Sinn geht, dann stellst du dir vor, dass sie sich in ein Herbstblatt verwandelt, das in den Fluss fällt. Sieh zu, wie die Sorge von der Strömung mitgerissen wird und bald außer Sicht ist. Und wenn die Sorge verschwunden ist, atmest du tief aus und seufzt erleichtert. Dann lässt dein ganzer Organismus los und dein Körper entspannt sich. Und zur Bekräftigung sprichst du im Stillen das Mantra: «Entspannung, Friede, Freude...»

Beobachte weiter, wie der Fluss an dir vorbeiströmt. Beobachte, wie die Herbstfarben der Blätter immer kräftiger leuchten. Spüre, wie die Luft wärmer wird und wie die Waldluft stärker duftet und deine Lebensgeister weckt...

Und jedes Mal, wenn eine Sorge oder eine Angst in deinem Geist auftaucht, dann verwandle sie in ein Herbstblatt, das davontreibt. Und immer wenn ein Blatt verschwunden ist, dann atmest du ein Mal tief aus und erinnerst dich an dein Mantra: Entspannung, Friede, Freude… (1 Min.)

Und wenn du bereit bist, dann kehre mit deiner Aufmerksamkeit hierher zurück und öffne in deinem eigenen Rhythmus die Augen. Sei wieder hier, erfrischt und hoffnungsvoll.

# Insel der Gelassenheit

Für unsere Vorfahren waren Inseln Orte der Zuflucht und der Sicherheit. Das Meer gab Nahrung, manchmal Strandgut und bot eine natürliche Barriere gegen Feinde. Vielleicht ist Inselurlaub deshalb bis heute so beliebt. Inseln bieten eine Schutzzone gegen Stress und Überforderung.

## Anleitung

Mach es dir auf deinem Platz bequem und schließ die Augen. Atme ein Mal langsam aus.

Stell dir bitte vor, dass du auf eine ganz besondere Insel reisen wirst, die auf keiner Landkarte verzeichnet ist. Hier findet der Besucher mehr als Zerstreuung und Erholung.

Ich werde bis zehn zählen und während ich zähle, kannst du auf diese Reise gehen. Entscheide selbst, ob du ein Flugzeug oder ein Schiff nehmen willst, oder ob du lieber schwimmst.

Nun beginnt die Reise. Ich zähle… und du darfst dich mit jeder Zahl tiefer entspannen… Zwei… drei… vier… fünf…

Bei sechs will ich dir etwas über diese Insel erzählen. Es handelt sich um deine Insel der Gelassenheit und sie liegt ganz tief in dir.

Und bei sieben geh tiefer und tiefer in dich hinein… Die Insel liegt so tief in dir, dass niemand außer dir dort hinkommen kann…

Und bei neun bist du so tief entspannt, dass du dich auf deiner Insel vollkommen sicher und geschützt fühlst…

Im Alltag müssen wir uns immer wieder in Acht nehmen, aber auf deiner Insel bist du so sicher, dass du es dir erlauben kannst, alle deine Gefühle ans Licht kommen zu lassen, sie tief zu empfinden und freundlich zu begrüßen.

Und wenn ich jetzt zehn sage, dann stehst du mit beiden Füßen auf deiner Insel der Gelassenheit, wo dir jedes Gefühl gestattet ist und wo deine Neugier drei Mal so stark ist wie deine Angst…

In den nächsten Minuten hast du Gelegenheit, einen ganzen Tag auf dieser Insel zu verbringen und ein ganz neues Gefühl von Leichtigkeit und Lebenslust zu genießen… (2-3 Min.)

Wenn du bereit bist, dann kannst du mit deiner Aufmerksamkeit hierher zurückkehren. Atme ein Mal langsam aus und öffne dann in deinem eigenen Rhythmus die Augen. Sei wieder hier, entspannt und ausgeglichen.

# Neue Energie

Rhythmische Bewegungen sind Balsam für unsere Psyche. Auch das rhythmische Schwingen einer Hängematte kann uns in eine tiefe Trance versetzen. Für viele ist das Gefühl des Hin- und Herschwingens mit angenehmen Erinnerungen verbunden an Zeiten von Sorglosigkeit, Sicherheit und sinnlicher Freuden.

**Anleitung**

Mach es dir auf deinem Platz bequem und schließ die Augen. Atme ein Mal langsam aus.

Stell dir vor, dass du auf einer tropischen Insel bist.

Du liegst in einer Hängematte, die am Strand zwischen zwei Palmen aufgespannt ist. Wie von selbst schwingst du in deinem luftigen Bett hin und her und schaust hinaus auf den Ozean… Manchmal blickst du nach oben in die Bäume, die dir Schatten spenden und die Luft kühlen. Wie fühlst du dich, wenn du so sanft hin- und herschwingst?…

Du hörst auch den immer gleichen Ton der Brandung, die deine Insel mit fernen Ländern und unbekannten Küsten verbindet. Wenn du dir über die Lippen leckst, dann schmeckst du das Salz der See.

Hier ist alles ganz einfach, hin- und herschwingen… tief ausatmen… süßes Nichtstun…

Du denkst, dass du nicht für immer auf dieser tropischen Insel bleiben kannst, aber es gibt einen Trost: Du kannst dieses wunderbare Gefühl mitnehmen, das sich sogleich einstellt, wenn du in der Phantasie oder in der Realität anfängst, hin- und herzuschwingen.

Und wenn du bereit bist, dann kehre mit deiner Aufmerksamkeit hierher zurück. Atme ein Mal langsam aus und öffne in deinem eigenen Rhythmus die Augen. Sei wieder hier, erfrischt und heiter.

## Die Fischerboote

Es ist erholsam, wenn wir für eine Weile unseren Geist leer und frei machen, frei von Gedanken an Zukunft oder Vergangenheit, frei von Verpflichtungen oder Aufgaben, frei von Sorgen und entspannt.

### Anleitung

Mach es dir auf deinem Platz bequem und schließ die Augen. Atme ein Mal langsam aus.

Stell dir vor, dass du auf einer Brücke stehst und von dort das Panorama eines Hafens betrachtest. In deinem Rücken liegt das offene Meer und vor dir eine weite Bucht mit bunten Häusern. Du kannst kleine Werften und die Anlegeplätze der Fischerboote erkennen mit den zum Trocknen aufgehängten Netzen.

Es ist die Zeit der Abenddämmerung. Im Zwielicht stechen die Fischerboote in See. Ein Boot folgt dem anderen und alle passieren deine Brücke.

Einige Fischerboote wirken groß und stabil, andere eher klein und zerbrechlich. Einige haben hölzerne Planken, die in leuchtenden Farben gestrichen sind, andere zeigen ein strahlendes Weiß. Und von Zeit zu Zeit siehst du auch ein Schiff aus Stahl, schwarz angestrichen, passend zur hereinbrechenden Dunkelheit.

Boot auf Boot steuert auf dich zu. Manchmal siehst du ein erleuchtetes Kajütenfenster.

Was geht in den Fischern vor, die jetzt in die Nacht hinausfahren und in die Ungewissheit, ob sie die Plätze finden, wo der Fisch in großen Schwärmen steht?

Die Fischerboote ziehen vorbei wie deine eigenen Gedanken. Einige sind größer und auffälliger als andere. Einige bemerkst du kaum, wenn sie unter deiner Brücke hindurchfahren. Andere erregen deine Aufmerksamkeit und du möchtest sie länger betrachten.

Alle reihen sie sich in einer lockeren Kette von Booten und Gedanken, keines und keiner wichtiger als die anderen. Sie erscheinen, werden kurz bemerkt und geraten dann außer Sicht. Wie bunte Boote kommen deine Gedanken und verschwinden wieder. Und sobald ein Boot verschwunden ist, erscheint schon das nächste, um auch selbst wieder zu entschwinden.

Du lässt die Boote unter dir vorbeiziehen, eines nach dem anderen. Du fühlst dich frei und freundlich. Du beobachtest, neugierig und offen für Überraschungen. Über dir glitzern die Sterne. Der Mond steigt auf. Vor dir haben ungezählte andere dieses Abendritual der Fischer beobachtet. Du freust dich auf den Morgen, wenn der frische Fisch an Land gebracht wird.

Deine Gelassenheit ist so erholsam. Je weniger du an einzelnen Gedanken hängst, desto ausgeglichener ist dein Geist. Lass die Natur dein Kompass sein. Sie kennt keine Vorrechte oder Bewertungen. Alles greift ineinander, alles darf kommen und alles muss gehen.

Und wenn du bereit bist, dann kannst du mit deiner Aufmerksamkeit hierher zurückkehren. Atme ein Mal langsam aus und öffne in deinem eigenen Rhythmus die Augen. Sei wieder hier, erfrischt und gelassen.

# Haus am Meer

Richtig genießen können wir das Leben erst, wenn wir seine Vergänglichkeit akzeptieren.

### Anleitung

Mach es dir auf deinem Platz bequem und schließ die Augen. Atme ein Mal langsam aus.

Stell dir vor, dass du am Rand des Ozeans stehst. Der Tag ist sonnig und mild. Der Himmel strahlt blau und das Wasser ist blaugrün mit weißen Schaumkappen. Die Musik der Wellen, das Streicheln des Windes und die Wärme des körnigen Sandes unter deinen Füßen verwöhnen deine Sinne. Du fühlst dich lebendig und wunschlos zufrieden.

Hinter dem Strand steigen Berge auf. Du schaust nach oben und erkennst auf einem der nahen Gipfel ein Haus. Die Bewohner haben einen herrlichen Ausblick. Das Haus zieht dich hypnotisch an. Du machst dich auf den Weg. Schließlich bist du am Ziel und möchtest mehr über Haus und Bewohner herausfinden.

Du klopfst an die Tür. Ein freundlicher Mensch öffnet und bittet dich hereinzukommen. Du hast den Eindruck, dass du hier erwartet wirst. Im Innern des Hauses bist du überrascht. Noch nie hast du ein Haus gesehen, das so schön und in jeder Hinsicht vollkommen gestaltet ist. Der Blick aus den offenen Fenstern aufs Meer ist atemberaubend.

Dieser Platz strahlt so viel Schönheit und Harmonie aus, wie du es nicht für möglich gehalten hast. In Gedanken vergleichst du Haus und Umgebung mit dem Paradies, von dem du in deiner Kindheit gehört hast.

Der Besitzer des Hauses berichtet, dass er eine wichtige Reise von unbestimmter Dauer antreten muss. Vielleicht wird er eine Woche abwesend sein, einen Monat, ein Jahr, zehn Jahre, fünfzig Jahre – alles ist möglich.

Er macht dir ein Angebot: Solange er auf Reisen ist, darfst du in dem Haus leben, aber du musst es verlassen, wenn er zurückkehrt. Welche Gedanken und Gefühle bemerkst du, während du dieses Angebot prüfst?

Schließlich akzeptierst du die Bedingungen und der Besitzer des Hauses verabschiedet sich von dir. Das Haus ist jetzt dein Heim und du genießt dein neues Leben, das von Freude und Dankbarkeit, Kreativität und Neugier geprägt ist.

Die Tage vergehen schnell. Wie entwickelt sich dein Leben in dieser Zeit?… (1 Min.)

Du bist gerade mit einem wichtigen Projekt beschäftigt, als du das Klopfen an der Tür hörst. Du öffnest die Tür und erblickst den Besitzer.

Was geht dir durch den Sinn? Wie fühlst du dich in diesem Augenblick?…

Wenn du willst, kannst du das Drehbuch fortschreiben und dir ausmalen, wie dein Leben weitergehen wird… (1 Min.)

Niemand von uns hat einen sicheren Vertrag für sein Leben. Bist du in der Lage, dein Leben zu genießen, auch angesichts dieser Unsicherheit? Oder hindert die Unsicherheit dich daran, alle deine Möglichkeiten zu erkennen? Und wenn in deinem Leben an die Tür geklopft wird, wirst du dann zornig sein und verzweifelt oder wirst du das Ende akzeptieren und dankbar sein für alles, was du erleben durftest? Was wirst du zurücklassen und wohin wirst du gehen? Über das Ende nachzudenken, ist ein Privileg,

Kehre noch einmal an den Strand zurück und such dir einen Kieselstein. Mach diesen Stein zu deinem Begleiter und Lehrer.

Und wenn du bereit bist, dann komm mit deiner Aufmerksamkeit hierher zurück. Atme ein Mal langsam aus und öffne in deinem Rhythmus die Augen. Sei wieder hier, erfrischt und erleuchtet.

## Fluss der Zeit

Wir können Krisen und Verletzungen leichter hinter uns zurücklassen, wenn wir ihnen die nötige Aufmerksamkeit schenken und versuchen, aus dem Schmerz etwas Positives zu entwickeln – eine Einsicht, einen Entschluss, ein Projekt. Dann können wir uns neu auf die Zukunft konzentrieren.

### Anleitung

Mach es dir auf deinem Platz bequem und schließ die Augen. Atme ein Mal langsam aus.

Stell dir vor, dass du am Ufer eines Flusses stehst. Es ist der Fluss deines Lebens. Das Wasser ist deine Lebenskraft, die vorwärtsströmt, trotz aller Hindernisse und Dramen, die vielleicht geschehen sind.

Betrachte das Ufer und blicke stromauf in die Richtung der Quelle. Wähle irgendeinen Punkt und gehe auf diesen Punkt zu, hinein in die Vergangenheit. Finde eine Stelle, wo etwas Schmerzliches in deinem Leben geschah, ein Verlust, eine Krise, eine Verletzung, ein Missverständnis. Setz dich dort an das Ufer und schau auf das vorbeifließende Wasser. Atme langsam aus… Dreh den Film deines Lebens zurück und sieh dir dabei zu, wie du durch dieses schmerzliche Ereignis hindurchgehst. Schau einfach diesen alten Film noch einmal an. Atme langsam aus und spüre dabei Schmerz, Kummer und Bedauern. Beobachte, wie der Schmerz sich in deinem Körper meldet und dann anfängt, aus dir herauszufließen… (30 Sek.)

Blick in die Augen deines jüngeren Selbst und sage: «Jetzt ist es vorbei, alles wird gut, das Leben geht weiter.… Ich habe verstanden.»

Versichere deinem jüngeren Selbst, dass die Aufregung und die chaotischen Gefühle sich gelegt haben. Dann sag deinem jüngeren Selbst Adieu und geh in die andere Richtung, flussabwärts, in Richtung Mündung und Meer. Spüre die Kraft und Vitalität im Fluss und in dir selbst.

Nun kannst du dich der Zukunft öffnen, mit mehr Hoffnung und im Vertrauen darauf, dass du jetzt viel mehr Möglichkeiten im Leben hast. Jetzt kannst du nach vorn blicken und die Vergangenheit hinter dir zurücklassen. Deine Verletzungen sind schon weitgehend geheilt.

Und wenn du es immer noch bedauerst, dass du ein wichtiges Projekt nicht beendet hast, dass du deine Ausbildung abgebrochen hast, dass du ein gutes Jobangebot ausgeschlagen hast, dann hast du jetzt eine neue Chance. Fasse neue Ziele ins Auge, unternimm etwas und führe alte Aufgaben zu Ende. Das kann dir ein Gefühl tiefer Befriedigung schenken und die Gewissheit, dass du ein neuer Mensch geworden bist.

Nun kannst du auch mit deinem zukünftigen Selbst sprechen. Schau deinem zukünftigen Selbst in die Augen und frage es: „Was kannst du mir verraten? Worauf muss ich achten? Welche gute Idee könntest du mir anvertrauen?"

Hör genau hin, was dein zukünftiges Selbst zu sagen hat. Spüre, dass es dir Mut machen kann und dass es dir Stärke und Liebe schenken möchte. Es kann einen wichtigen Beitrag leisten zu deiner Widerstandskraft und Lebenstüchtigkeit…

Du kannst den Fluss deines Lebens immer wieder aufsuchen, wenn du einen Fuß in die Zukunft setzen willst. Geh einen Schritt auf die Mündung zu und lass Bilder und Visionen auftauchen von dem Leben, das du dir wünschst.

Und wenn du bereit bist, dann komm mit deiner Aufmerksamkeit hierher zurück. Atme ein Mal langsam aus und öffne in deinem eigenen Rhythmus die Augen. Sei wieder hier, erfrischt und tatkräftig.

# Die tropische Insel

Wasser verändert unser Körpergefühl. Wenn wir neben einem wilden Wasserfall stehen, dann spüren wir die Vibration in unserem Körper. Wenn wir in einem Swimmingpool treiben, genießen wir unsere Leichtigkeit und das Gefühl, dass alle Schwere von uns abfällt. Und auch eine warme Dusche kann alle Anspannung von unseren Muskeln abwaschen.

### Anleitung

Mach es dir auf deinem Platz bequem und schließ die Augen. Atme ein Mal langsam aus.

Stell dir vor, dass du auf einer tropischen Insel Urlaub machst. Dein Reiseziel ist ein Geheimtipp. Die Insel wird vor allem von Menschen aufgesucht, die naturliebend und genussfähig sind. Hier wartet tropische Vegetation auf dich, ein wolkenloser Himmel und die Unendlichkeit eines warmen Ozeans.

Auf einem Spaziergang durch den Dschungel bist du an einen geheimen Teich gelangt, in den sich ein kräftiger Wasserfall ergießt. Eine Erfrischung ist dir immer willkommen, deshalb lässt du dich in das Wasser gleiten.

Du spürst die Wärme zunächst an Füßen und Unterschenkeln und dann auch weiter oben, je tiefer du in das Wasser eintauchst, an Hüften und Bauch, Armen und Rücken, an Schultern und Brust. Das Wasser ist so klar und unberührt, dass du ein paar Mal ganz untertauchst.

Dann schwimmst du zu dem Wasserfall und bemerkst einen flachen Felsen, auf dem du gut stehen kannst. Du kletterst hinauf und lässt dich von dem warmen, herabströmenden Wasser massieren. Der körperliche Genuss ist so stark, dass alle Spannungen, Probleme und Sorgen von dir weggespült werden. Übrig bleibt ein wunderbares Gefühl von gelassener Heiterkeit. Jeder Muskel, jede Ader, jeder Nerv in deinem Körper spürt Ruhe und Frieden. Und selbst wenn du kein ausgesprochener Wasserfreund bist, machst du nun eine neue Erfahrung: Das Wasser schenkt dir grenzenloses Wohlbefinden und Freiheit von Unruhe und Sorge.

Du trittst aus dem fallenden Wasser heraus und legst dich auf den von der Sonne erwärmten Felsen. Die Wärme des Steins fließt in deinen Körper und verführt dich dazu, die Augen einfach zu schließen und dich einer süßen Passivität hinzugeben. Die frische Luft, die Sonne und die sanften Stimmen des Dschungels wecken in dir den Wunsch, ganz nach innen zu gehen und eine Weile zu schlafen. Du weißt, dass dein unbewusster Geist jetzt die Regie übernimmt und deine Siesta bewacht… (1 Min.)

Und wenn du bereit bist, dann kannst du jetzt in deinem eigenen Rhythmus die Augen öffnen. Atme ein Mal langsam aus und sei wieder hier, erfrischt und wach.

# Vollständige Entspannung

Chronische Angst, Sorge oder lang anhaltender Groll können unseren Organismus daran hindern, nach Belastungen sein natürliches Gleichgewicht wiederzufinden. Auf diese Weise können im Laufe der Zeit Schmerzen oder ernsthafte Störungen entstehen. Eine milde Selbsthypnose kann Linderung bringen.

## Anleitung

Mach es dir auf deinem Platz bequem und schließ die Augen. Atme ein Mal langsam aus.

Stell dir vor, wie du dich fühlen würdest, wenn du jetzt an einem Ort sein könntest, mit dem dich angenehme Erinnerungen verbinden… Vielleicht liegst du an einem Strand mit weichem, kühlem Sand… gestreichelt von einer kühlen Brise, die dein Gesicht verwöhnt… Und vielleicht wirst du sogar zu einem kalten Getränk eingeladen, das du in kleinen Schlückchen genießt… Im Hintergrund der beruhigende Rhythmus der Wellen, die munteren Schreie der Möwen und das Lachen der Kinder, die das Spiel am Wasser genießen…

Wie selten zuvor hast du den Eindruck, dass dein Körper hier vollständige Entspannung finden kann, die deinen gesamten Organismus erneuert. Wenn du weiter meiner Stimme zuhörst, kannst du immer tiefer in einen Zustand der Sorglosigkeit hineingehen, in dem sich Körper und Geist ohne Worte verstehen…

Du weißt, dass dein Unbewusstes auch deinen Atem kontrolliert… Bemerke, wie langsam und wie tief dein Atem jetzt geht… Dein unbewusster Geist steuert auch deinen Puls… deinen Blutdruck… und den Zustand deiner Blutgefäße…

Soweit ich sehen kann, kümmert sich dein unbewusster Geist sehr sorgfältig um deinen Körper. Voller Zuversicht kannst du deinem Unbewussten die Kontrolle über deine inneren und äußeren Organe überlassen und über alle lebenswichtigen Aufgaben deines Organismus. Die Natur weiß am besten, worauf es ankommt. Dein Unbewusstes sorgt zuverlässig für dich, es erfrischt dich, es schafft dir Erholung und Heilung.

Bemerke, dass der Prozess der Heilung schon beginnt, während du an deinem kühlen Erfrischungsgetränk nippst. Wie entspannt kannst du dich fühlen… behaglich… sicher… wenn du deinem Unbewussten gestattest, dir zu helfen? Dann ist dein ganzer Körper vollständig entspannt und das fühlt sich unbeschreiblich gut an. Du weißt inzwischen, wie du dich entspannen kannst und wie du die Hilfe und Unterstützung deines Unbewussten findest. Das sind wichtige Schritte auf dem Weg zu Sicherheit und Glück… (1 Min.)

Und wenn du bereit bist, dann atme ein Mal langsam aus und öffne in deinem eigenen Rhythmus die Augen. Sei wieder hier, erfrischt und wach.

## Die Muschelsucher

Zur Lebenskunst gehört es auch, auf die Stimme des eigenen Unbewussten zu hören. Hier haben wir eine kostbare Quelle, die uns Orientierung und Lebenskraft schenkt. Als Muschelsucher bezeichnen wir jene Menschen, die offen sind für neue Einsichten und Erlebnisse und die das Wasser lieben.

### Anleitung

Mach es dir auf deinem Platz bequem und schließ die Augen. Atme ein Mal langsam aus.

Stell dir vor, dass du an deinem Lieblingsstrand bist, dicht am Wasser. Der Sand glitzert im Sonnenlicht… überall Sand und Kiesel in allen Größen… Schneckengehäuse und Muscheln dazwischen… Neugierig gehst du ein Stück und beobachtest Land und Meer.

Schritt für Schritt sinken deine Füße in den weichen Sand und du genießt es, Spuren zurückzulassen. Und manchmal wendest du deine Aufmerksamkeit den Geräuschen zu, der Melodie von Wind und Wasser…

Mit jedem Atemzug genießt du den Duft von Meerwasser und Seetang und immer wieder hältst du Ausschau nach den Abenteuerschiffen deiner Kindheit. Dein Gefühl für die messbare Zeit hat sich verabschiedet. Zeit- und ziellos wanderst du den Strand entlang…

Finde irgendein Stück Holz und erinnere dich an deine Kindheit. Du kannst jetzt mit dem Holz etwas in den Sand malen oder schreiben, vielleicht einen Herzenswunsch, vielleicht einen Gruß an ferne Menschen, vielleicht eine Sorge oder eine Unsicherheit… (1 Min.)

Lass eine Welle kommen und alles wegspülen, was du in den Sand geschrieben hast. Überlass es dem Wasser, sich um deine Anliegen zu kümmern. Du fühlst dich nun freier und leichter, nachdem du deine Gedanken dem Meer anvertraut hast.

Dann gehst du eine Weile weiter und bemerkst, dass du an eine Stelle kommst, wo Muscheln und Schneckengehäuse zahlreicher werden. Finde das leere Gehäuse einer Muschel oder einer Schnecke, das dir besonders auffällt. Du hebst das Gehäuse auf und hältst es an dein Ohr. Konzentriere dich auf deinen Fund und warte ab, was geschieht. Vielleicht hörst du ein Wort, einen Satz oder einen

Ton, vielleicht erscheint dir ein Bild oder eine Zahl oder irgendeine Erinnerung oder Vision. Lass dir einen Augenblick Zeit, damit dein Fundstück Kontakt mit dir aufnehmen kann… Lass dich überraschen, sei offen und ohne Erwartungen. Vielleicht kommt die Botschaft auch als Fragment, das du später ergänzen kannst… (30 Sek.)

Entscheide nun, ob du dein Fundstück dem Meer zurückgeben willst oder ob du es irgendwo an einer sicheren Stelle deponieren möchtest. Was immer sich ereignet hat, bewahre die Erinnerung gut in deinem Gedächtnis auf und nimm die Gewissheit mit, dass du auch in Zukunft am Meer Dinge finden wirst, die dich tief inspirieren.

Und wenn du bereit bist, dann öffne in deinem eigenen Rhythmus die Augen. Atme ein Mal langsam aus und sei wieder hier, erfrischt und wach.

# Die Flut

Nach einem Sturm gibt das Meer einige seiner vielen Geheimnisse preis. Es spült Teile untergegangener Schiffe an Land und Treibgut von weit entfernten Gestaden. Nach Sturmfluten suchen manche Küstenbewohner den Strand ab, um etwas Wertvolles nach Hause zu bringen. Sie lassen sich von ihrem Glück überraschen und akzeptieren, was sie finden. Mit der folgenden Imagination laden wir unser Unbewusstes ein, uns etwas Wichtiges zu präsentieren, etwas, was uns neue Möglichkeiten eröffnet.

### Anleitung

Mach es dir auf deinem Platz bequem und schließ die Augen. Atme ein Mal langsam aus.

Nun stell dir bitte vor, dass du irgendwo an einer Küste stehst, an der vor Kurzem ein Sturm getobt hat… Wie sieht es dort aus?… Geh ein bisschen herum… Spüre den Boden unter deinen Füßen… Berühre das Wasser… Nimm den Duft dieser Küste in dich auf…

Dann mach dich auf und wandere den Strand entlang. Schau dir an, was alles von der Flut angespült wurde…

Wie fühlst du dich in dieser Gegend?… Lass dir Zeit, um den Strand zu erkunden… (1 Min.)

Schau jetzt bitte hinaus aufs Meer. In welcher Laune ist das Meer heute?…

Wende deinen Blick nach beiden Seiten und sieh dann geradeaus. Ganz in der Ferne entdeckst du etwas, was langsam auf dich zukommt und von den Wellen herangeschoben wird. Zuerst kannst du nicht erkennen, was das ist, weil Teile davon unter Wasser sind, aber mit der Zeit siehst du mehr. Schau genau hin und warte ab, bis die Wellen das Treibgut auf den Strand gespült haben. Geh dichter heran und finde möglichst viel über diesen Gegenstand heraus. Was ist es? Fass es an und rieche daran. Hast du eine Vermutung, woher es kommt und wie es an diesen Strand geraten ist? Welche Gefühle hast du, wenn du neben diesem Gegenstand stehst?…

Jetzt möchte ich dich zu einem besonderen Schritt einladen. Sei für eine Weile das Objekt, das angespült wurde. Was sind deine besonderen Merkmale? Wie alt bist du? Wozu hast du bisher gedient? Was hat dich hierher gebracht? Wozu bist du nütze?…

Sei jetzt wieder du selbst und betrachte das Objekt noch einmal. Kannst du nun etwas sehen, was du vorher nicht gesehen hast?…

Wirf nun einen Blick auf Küste und Meer. Hat sich hier etwas verändert?…

Sag dem Strand jetzt Adieu und verabschiede dich auch von dem Objekt. Du kannst ein mentales Foto davon in deinem Gedächtnis behalten, um dich später damit näher zu beschäftigen.

Und wenn du bereit bist, dann komm in diesen Raum zurück. Atme ein Mal langsam aus und öffne in deinem eigenen Rhythmus die Augen. Sei wieder hier, erfrischt und wach.

## Selbstbild

Jeder Mensch hat einen Vorrat an verschiedenen Bildern von sich selbst. Wir wissen z.B., wie die wichtigen Menschen in unserem Leben uns sehen und behandeln. Wir wissen, wie wir gern sein möchten, wir wissen, wer wir als Kinder waren und wir wissen, wer wir im Augenblick sind, wie es uns im Augenblick geht. Aber nicht immer gefallen uns diese Bilder und darum verstecken wir sie gern hinter einer Fassade oder hinter einem Vorhang von Illusionen. Wie viel Selbsterkenntnis ist angebracht?

### Anleitung

Mach es dir auf deinem Platz bequem und schließ die Augen. Atme ein Mal langsam aus.

Geh in der Phantasie einen schmalen Weg entlang, bis du an einen kleinen See mit frischem, blaugrünem Wasser kommst. Die Umgebung ist wunderschön und die Sonne überschüttet den See mit hellem, weißem Licht, das vom Wasser reflektiert wird, sodass Tausende von Diamanten auf dem Wasser glitzern und tanzen. Aufmerksam beobachtest du das Wasser und die kleinen Wellen und bemerkst, wie der Wind nachlässt und wie das Wasser zur Ruhe kommt, friedlich und beruhigend. Ein kleines Floß treibt ans Ufer zu deinem Platz und du kannst mühelos an Bord gehen. Du machst es dir auf dem Floß bequem. Vielleicht findest du sogar ein paar Kissen.

Langsam trägt dich das Floß hinaus auf den See. Du fühlst dich vollkommen sicher und genießt die Einsamkeit und die Gelegenheit, etwas über dich selbst nachzudenken. Heute interessierst du dich für dein Selbstbild. Du weißt, dass dein Selbstbild in früheren Jahren sehr von den Menschen deiner Familie bestimmt wurde: Wie haben sie dich behandelt? Welchen Wert haben sie dir beigemessen? Welche Talente haben sie bei dir festgestellt und gefördert?…

Du weißt, welche Gefühle dein Vater für dich hatte und du weißt auch, was deine Mutter zu dir sagen würde, wenn sie jetzt hier sein könnte. Und du erinnerst dich an die Einschätzung deiner Lehrer und deiner besten Freunde. Alle diese Bilder, die andere von uns haben, sind interessant und folgenreich. Aber zum Glück haben wir auch ein eigenes Bild von uns. Wir haben ein Gefühl dafür, wer wir sind, was wir können, was wir möchten, wofür wir leben und wofür wir notfalls sterben würden. Jetzt kannst du dich aufrichten und ins Wasser schauen. Es ist ganz still und klar wie ein Spiegel und du kannst darin dein eigenes Bild betrachten. Sieh ganz genau hin und studiere es in Ruhe. Was kannst du deutlich sehen? Was bleibt eher undeutlich?…

Und vielleicht ist dein Spiegelbild durch Worte nicht so leicht zu erfassen. Vielleicht hilft dir ein Vergleich weiter:

- Welches Tier würde am besten zu deiner Persönlichkeit passen?
- Welche Farbe würde dir entsprechen?
- Welchen Titel würde der Roman deines Lebens tragen?

Lass dir einen Augenblick Zeit, um tief in deine Persönlichkeit hineinzuschauen… (1 Min.)

Lehn dich nun wieder auf deinem Floß zurück und warte darauf, dass es dich ans Land zurückbringt. Steig langsam ans Ufer und sag dem See und dem Floß Adieu…

Lass all das, worüber du gerade reflektiert hast, in deinem Geist zur Ruhe kommen. Es gibt keine endgültigen Antworten. Trotzdem sind solche Überlegungen von Zeit zu Zeit hilfreich.

Im Laufe des Lebens entwickeln wir unser Selbstbild auf zweifache Weise weiter: durch das, was wir tun und durch das, was wir wollen. Unser Selbstbild ist wie ein Kompass, der uns hilft, den Weg zu finden.

Und wenn du bereit bist, dann atme ein Mal langsam aus und öffne in deinem eigenen Rhythmus die Augen. Sei wieder hier, erfrischt und wach.

# Die untergehende Sonne

Ruhe und tiefe Entspannung können unseren Geist entlasten und körperliche Schmerzen abmildern. Diese Imagination eignet sich besonders zur Therapie akuter Schmerzen.

### Anleitung

Mach es dir auf deinem Platz bequem und schließ die Augen. Atme ein Mal langsam aus.

Stell dir vor, dass du in einem tropischen Land bist und am Strand der untergehenden Sonne zuschaust. Bemerke, wie sie leuchtend rot langsam am Horizont ins Wasser eintaucht. Die Farben wechseln von einem kräftigen Orange über Lila in ein dunkles Rot… Und während die Sonne sinkt, kannst du sogar zwei Sonnen sehen, eine am Himmel und eine auf der Wasseroberfläche.

Beobachte, wie die Sonne immer tiefer hinabgleitet. Es scheint dir, dass sogar die Natur bei diesem Schauspiel den Atem anhält. Die Luft steht bewegungslos und das Wasser liegt glatt wie ein Spiegel, ohne die kleinste Welle. Ein Gefühl der Ruhe breitet sich in dir aus. Dein Atem wird tiefer, dein Puls verlangsamt sich…

Diese Ruhe kannst du immer für dich schaffen, wenn du sie brauchst, ein einziges kleines Signal genügt für eine tiefe Entspannung. Vielleicht legst du einfach Daumen und Zeigefinger zusammen, dann geht dein Organismus in einen Zustand tiefer und erholsamer Entspannung.

Und wenn du bereit bist, dann atme ein Mal langsam aus und öffne in deinem eigenen Rhythmus die Augen. Sei wieder hier, erfrischt und wach.

## Wiedergeburt

Das Bild des Wasserfalls hat eine dreifach heilende Kraft, weil drei Faktoren zusammenwirken: Das Wasser selbst, die Heilung durch Berührung und schließlich die Heilung durch Licht rufen ein tiefes Gefühl der Entspannung und der Erneuerung hervor.

### Anleitung

Mach es dir auf deinem Platz bequem und schließ die Augen. Atme ein Mal langsam aus.

Stell dir vor, dass du am Fuße eines Berges stehst, den du besteigen möchtest. Der Weg führt sanft bergan und du bist froh darüber, dass du freie Zeit hast. Gleichzeitig fühlst du dich schwer und müde und ab und zu verspürst du einen leichten Schmerz und ganz tief darunter Unzufriedenheit und Ärger.

Mit jedem Schritt bemerkst du all die Bürden, die du mit dir herumträgst... Bürden, die du im Alltag nicht immer spürst... Bürden, die du dir nicht gewünscht hast... mit denen du nicht gerechnet hast...

Die Sonne brennt immer heißer, während du höher und höher hinaufsteigst. Ab und zu ermahnst du dich zum Durchhalten: Nicht aufgeben!... Ich werde es schon schaffen...

Zum Glück entdeckst du hinter einer Wegbiegung einen wunderschönen Wasserfall, der sich in ein kleines Becken im Fels ergießt. Hier kannst du dich erfrischen. Du legst deine Kleider ab und stellst dich unter das kühle und klare Wasser, das über dich herabströmt. Am Anfang erschauerst du ein wenig, aber schon nach kurzer Zeit hast du dich an die Temperatur des Wassers gewöhnt und genießt es auf deiner heißen Haut. Spüre, wie das Wasser an deinem Körper herabrinnt und genieße die Kühle. Lass das Wasser auch alle schwierigen Gefühle von dir abwaschen, alle Ängste, alle Müdigkeit, alle Sorgen, alles, was deine Lebensfreude verkümmern lässt... Genieße die Erleichterung... (1 Min.)

Wie durch ein Wunder fühlst du dich immer leichter. Du bist überrascht, wie frisch du bist, beinahe wie neu geboren. Jetzt kannst du unter dem Wasserfall hinaustreten und dich von der Sonne trocknen lassen. Das goldene Sonnenlicht füllt deinen ganzen Körper und jede Zelle bis in den letzten Winkel mit Licht, Wärme und neuer Energie. Du bemerkst den Prozess deiner Regeneration auch daran, dass deine Sinne jetzt viel wacher sind. Die Farben in deiner Umgebung sind leuchtender und die Stimmen aus der Natur sind voller und intensiver.

Und wenn du bereit bist, dann kannst du den Berg noch etwas weiter hinaufsteigen. Halte Ausschau nach einem Geschenk des Berges, das dich überallhin begleiten und dich daran erinnern kann, dass dieser wunderbare Wasserfall immer bereit ist, dich zu erfrischen. Auch dieser Berg war vor langer Zeit von Wasser bedeckt. Das Wasser hat Schicht für Schicht geholfen, den Berg zu formen.

Auch du bist ein Kind des Wassers und das Wasser ist dein treuer Therapeut. Es ist immer für dich da und du kannst dich dafür bedanken.

Und wenn du magst, dann kehre jetzt zu deinem alltäglichen Bewusstsein zurück, atme ein Mal langsam aus und öffne in deinem eigenen Rhythmus die Augen. Sei wieder hier, erfrischt und wach.

## Das Schiff

Das Wasser hat uns durch die Evolution begleitet. Es ist die Quelle des Lebens. Aus den Ozeanen kamen Tiere und Pflanzen. Sobald der Mensch in die Geschichte eintrat, geschah etwas Neues: Das Wasser provozierte den Menschen und reizte seine Neugier. Er begann, Schiffe zu bauen, um ferne Länder zu erkunden. Das Wasser wurde zum Lehrmeister des Menschen und half ihm, die Technik des Schiffbaus zu erlernen und die Kunst der Navigation. Aber das Wasser ist unermesslich. Wenn sich der Mensch überschätzt, geht er darin unter. Der Ozean verlangt Respekt und Bescheidenheit. So trägt das Wasser dazu bei, dass wir unseren Charakter entwickeln.

### Anleitung

Mach es dir auf deinem Platz bequem und schließ die Augen. Atme ein Mal langsam aus.

Stell dir ein großes Schiff vor, ein altmodisches Segelschiff. Die Segel sind gesetzt, der Wind bläht sie auf und schiebt das Schiff aufs offene Meer hinaus. Grenzenlos weit liegt der Ozean vor dem Schiff, das mit seinem kräftigen Bug die Wellen teilt. Der Wind rauscht in der Takelage und das Wasser klatscht gegen die Bordwände. Langsam und bedächtig steuert das Schiff ins Unbekannte. Es lässt sich von den heranrollenden Wellen hin- und herwiegen, in einem langsamen Tanz mit dem Wasser…

Nun stell dir bitte vor, dass du auf diesem Schiff bist. Du stehst am Steuerruder und schaust auf das offene Meer vor dir. Das Wasser glitzert im Sonnenlicht und der Horizont hebt und senkt sich gleichmäßig…

Das Meer hat hier einen besonderen Duft und du genießt es, die frische, salzige Meerluft einzuatmen. Du magst es auch, wenn der Wind dir ins Gesicht bläst und kleine Salzkristalle auf deiner Haut zurücklässt. Das hölzerne Steuerrad fühlt sich gut an in deinen Händen. Du hältst es mit festem Griff, weil du weißt, dass du auf dem Meer Kurs halten musst, wenn du dein Ziel erreichen willst.

Manchmal bewegst du das Steuer etwas nach rechts und dann wieder nach links und du spürst, wie das Schiff deinem Kommando folgt. Du bestimmst die Richtung des Schiffs und genießt deine

Kompetenz. Du kannst das Schiff dirigieren. Deine Entscheidungen werden befolgt. Du bist der Kapitän…

Dieses besondere Gefühl der Entscheidungsgewalt ist kostbar. Begleitet wird es vom Empfinden deiner Willenskraft und deiner Bereitschaft, Verantwortung zu übernehmen.

Aber ab und zu geht dir durch den Sinn, dass du weißt, was noch wichtiger ist: Deine Liebe zum Meer und Vertrauen zu Wind und Wasser…

Und wenn du bereit bist, kannst du diese Bilder verblassen lassen. Komm mit deiner Aufmerksamkeit wieder hierher, atme ein Mal langsam aus und öffne in deinem eigenen Rhythmus die Augen. Sei wieder hier, erfrischt und wach.

# Sich treiben lassen

Man sagt, dass das Wasser immer seinen Weg findet. Eine unsichtbare Intelligenz sorgt dafür, dass es in einem großen Kreislauf in Bewegung bleibt. Wir können von der Dynamik des Wassers lernen, uns ab und zu treiben lassen und abwarten, wohin das Schicksal uns führt.

**Anleitung**

Mach es dir auf deinem Platz bequem und schließ die Augen. Atme ein Mal langsam aus.

Stell dir vor, dass du in einem Boot sitzt, das flussabwärts treibt. Du versuchst, in der Mitte des Flusses zu bleiben, aber die Strömung ist stark, sie macht es dir schwer, das Boot zu steuern.

Deshalb entscheidest du dich, nicht mit dem Strom zu kämpfen und deine Kräfte lieber aufzusparen. Du lässt das Boot treiben und der Fluss nimmt dein Boot mit. Du sorgst nur dafür, dass du nicht am Ufer strandest.

Probiere diese Form der Zusammenarbeit mit dem Fluss aus. Wie kannst du es erreichen, mit weniger Kontrolle auszukommen?... (1 Min.)

Vielleicht kannst du etwas von dieser sanften Art der Steuerung auf dein Leben übertragen. Auch hier müssen wir mit Ereignissen zurechtkommen, die nicht zu kontrollieren sind und deshalb Flexibilität statt Kraft erfordern.

Und wenn du bereit bist, dann komm mit deiner Aufmerksamkeit hierher zurück. Öffne in deinem eigenen Rhythmus die Augen und sei wieder hier, erfrischt und wach.

# Der Sturm

Bei schönem Wetter erscheint uns das Meer zuverlässig und vorhersagbar. Es ändert jedoch seinen Charakter, wenn der Wind auffrischt und zum Sturm wird. Dann zeigt sich, ob wir über genügend Mut und Entschlossenheit verfügen, um auf dem entfesselten Element zu überleben.

**Anleitung**

Mach es dir auf deinem Platz bequem und schließ die Augen. Atme ein Mal langsam aus.

Stell dir vor, dass du auf einem kleinen Schiff stehst, mitten in der Nacht. Um dich herum wütet ein mächtiger Sturm und der Regen prasselt aufs Deck. Das Schiff rollt und stampft in der Dünung, um dich herum Gischt und Dunkelheit. Du bist froh, dass du nicht seekrank bist. Der Wind heult und schnaubt wie ein wütender Wasserdrache. Spüre die Kälte, die Müdigkeit in deinen Muskeln und die Energie, die du brauchst, um das Steuerrad zu halten.

Zum Glück siehst du in der Ferne ein helles Licht. Es kommt von der Kuppel eines Leuchtturms. Der helle Strahl leitet dich durch die Nacht. Auf dieses Signal kannst du dich verlassen. Es sagt dir, welchen Kurs du steuern musst. Die Elemente sind im Aufruhr, aber der Leuchtturm steht fest und unerschütterlich. Er zeigt dir den richtigen Weg, damit du sicher in deinen Hafen gelangst. Und daran zweifelst du nicht. Vielleicht wirst du etwas mehr Zeit brauchen, aber du wirst dein Ziel erreichen…

Du selbst bleibst auch zuverlässig und treu. Du hältst fest an deiner Liebe zum Meer. Keine Anklage, kein Fluch kommt über deine Lippen. Auch dem wilden Wasser schenkst du Vertrauen. Das ist dein Geheimnis.

Und nun lass dieses Bild langsam verblassen und atme ein Mal gründlich aus. Öffne die Augen in deinem eigenen Tempo, sei wieder hier, erfrischt und wach.

# Frische Energie

Überall auf der Welt gibt es die alte Methode der Wassertherapie. Schon Wikinger, Ägypter, Inder und Römer haben sich mit Wasser therapiert. Die alten Griechen benutzten die reinigende Kraft des Wassers bei ihren Ritualen, um moralische Vergehen zu sühnen. Der Tempel in Epidaurus wurde in der Nähe einer Mineralquelle errichtet. In Japan und in der Türkei gibt es eine therapeutische Badekultur, die sich u.a. der Behandlung von Stress und Burnout widmet.

**Anleitung**

Mach es dir auf deinem Platz bequem und schließ die Augen. Atme ein Mal langsam aus.

Stell dir vor, dass du auf einer Wanderung bereits einige Kilometer am Fuß eines hohen Berges entlanggewandert bist. Du hörst das Rauschen eines Wasserfalls. Du kannst das Wassers schon riechen und freust dich auf den Anblick des herabstürzenden Wassers...

Jetzt stehst du vor einem prächtigen Wasserfall, der in mehreren Kaskaden vom Berg herabstürzt. Jeder Tropfen funkelt im Sonnenlicht und du siehst einen Regenbogen, der sich in leuchtenden Farben über dem Wasserfall in den Himmel wölbt.

Du weißt, dass du hier einen magischen Ort mit heilender Kraft entdeckt hast. Die Energie des Wassers kann Stress und Anspannung lösen.

Das Wasserbecken lädt dich zum Schwimmen ein und du entschließt dich, ein heilendes Bad zu nehmen. Du steigst in das Becken am Fuß des Wasserfalls. Spannungen und Blockaden lösen sich, dein Blut zirkuliert freier. Von Minute zu Minute spürst du deutlicher, wie das Wasser deine physische und mentale Gesundheit stärkt...

Wenn du nun aus dem Becken heraussteigst und dich von der Sonne trocknen lässt, fühlst du dich wie neu geboren. Jetzt könntest du Bäume ausreißen, ein Gedicht schreiben oder ein Bild malen. Du hast das Bedürfnis, deiner Liebe zum Leben Ausdruck zu geben. Du hast nun zwei Minuten messbare Zeit, um dich auf besondere Weise auszudrücken... (2 Min.)

Und wenn du bereit bist, kannst du nun mit deiner Aufmerksamkeit hierher zurückkehren. Atme ein Mal langsam aus und öffne in deinem eigenen Rhythmus die Augen. Sei wieder hier, erfrischt und wach.

## Urlaub in der Natur

Wenn wir sehr erschöpft sind, vergessen wir leicht, wie schön das Leben sein kann. Viele Menschen in der Stadt leiden darunter, dass sie fern von der Natur leben. Wasser, Wald und Wiesen sind unersetzlich.

**Anleitung**

Mach es dir auf deinem Platz bequem und schließ die Augen. Atme ein Mal langsam aus.

Stell dir vor, dass du am Ufer eines großen, friedlichen Flusses sitzt. Es ist früh am Morgen. Langsam geht die Sonne auf und die Natur erwacht. Das Wasser des Flusses strömt ruhig und friedlich an dir vorbei. Eine leichte Brise weht über den Fluss und trägt das Aroma von Wald und Gärten zu dir…

Vielleicht bist du allein oder du teilst diesen Morgen mit einem Menschen, der dir nahesteht. Der Himmel im Osten ist jetzt hellrot, mit einem Schimmer von Gold, während die Sonne als roter Ball langsam über dem Horizont aufsteigt. Hier und da ziehen Nebelschwaden über das Wasser und die Sonne steigt immer höher, ein großer orangefarbener Ballon, der den Nebel rotgold schimmern lässt.

Der dunkelblaue Himmel über dir wird jetzt immer heller. Es ist still und du hörst nur ein leichtes, gleichmäßiges Rauschen aus der Ferne. Du lässt alle diese Eindrücke durch dein Bewusstsein ziehen, locker und leicht… (1 Min.)

Nun bemerkst du, dass ein Boot aus dem Nebel auftaucht und auf dich zusteuert. Der Rumpf schimmert perlmuttfarben und das Segel leuchtet in den Farben des Regenbogens. Es bläht sich sanft in der Morgenbrise…

Du wunderst dich, wer zu dieser frühen Stunde bereits auf dem Fluss unterwegs ist. Das Boot nähert sich und du schaust zu, wie es unmittelbar vor dir landet. Wer könnte dieses Geisterschiff auf die Reise geschickt haben? Schließlich akzeptierst du die Möglichkeit, dass dies die Einladung zu einer Vergnügungsreise ist. Du besteigst das Boot mit einer Mischung aus Freude und Abenteuerlust. Du fühlst dich mutig und durchaus in der Lage, das Boot zu steuern.

Du hörst das Gurgeln des Wassers, während das Boot mit dir den nebligen Fluss hinabfährt. Du bist allein, aber vielleicht hast du auch einen freundlichen Reisegefährten.

Die Bäume am Ufer schimmern hellgrün und wirken im Nebel etwas zerzaust.

Du fühlst dich ruhig und friedlich und genießt das sanfte Gleiten und die schönen Farben des Morgens, gelb, hellrot, grün und blau. Du empfindest Dankbarkeit für die Geschenke der Natur und lässt deine Gedanken kommen und gehen…

Liebevolle Gedanken gehen zu den Menschen, die in deinem Herzen wohnen und Dankbarkeit geht an die Natur, die dir so viel Freude am Leben schenkt. Es ist ganz natürlich, dass du dich in dieser Situation entspannt und gelassen fühlst.

Jetzt fällt dir ein altes Ritual ein, mit dem wir negative Gedanken auflösen und unseren Geist in eine positive Richtung wenden können. Sein Name lautet «kosmisches Lächeln»: Leg beide Hände auf dein Herz. Und nun schicke ein Lächeln in deinen Körper und Dankbarkeit nach innen und außen… (1 Min.)

Und wenn du bereit bist, dann kannst du jetzt mit deiner Aufmerksamkeit hierher zurückkehren. Atme ein Mal langsam aus und öffne in deinem eigenen Rhythmus die Augen. Sei wieder hier, erfrischt und wach.

# Kieselsteine

Manchmal dominieren negative Gedanken unser Bewusstsein. Wir beschäftigen uns mit Sorgen und Ärgernissen und kreisen um unerledigte Probleme. Es scheint uns dann, als ob wir dazu verflucht wären, über die Schattenseiten des Daseins zu meditieren. Das ist ein gefährlicher und ermüdender Zustand, den wir so schnell wie möglich beenden sollten.

**Anleitung**

Mach es dir auf deinem Platz bequem und schließ die Augen. Atme ein Mal langsam aus.

Stell dir vor, dass du am Ufer eines großen Wassers entlanggehst, am Meer, an einem See oder an einem ruhig strömenden Fluss. Du genießt die Ruhe der Natur und die Präsenz des Wassers. Vielleicht wünschst du dir, so zu sein wie das Wasser: dynamisch, anpassungsfähig, nicht zu fesseln und in der Lage, die ganze Erde zu umrunden.

Gedankenverloren sammelst du kleine Steine. Lass dir von deiner Intuition sagen, wann du genug hast…

Und wenn du bereit bist, dann kannst du einen deiner Steine ins Wasser werfen. Lass ihn mitnehmen, was du gern los sein möchtest: eine störende Angewohnheit, eine unangenehme Angst, einen brennenden Ärger oder eine Überzeugung, die dich daran hindert, dein Leben zu genießen…

Nach jedem Wurf richtest du dich automatisch höher auf und atmest freier und vollständiger. Wenn du alle Steine aufgebraucht hast, hast du vielleicht den Wunsch, ein Mal lang und befreiend zu seufzen. Du bist dankbar, dass es dir jetzt besser geht und dass du auf dieses einfache Rezept immer wieder zurückgreifen kannst, wenn du einen klaren und hoffnungsvollen Blick auf das Leben bekommen willst.

Und wenn du bereit bist, dann atme ein Mal langsam aus und öffne in deinem eigenen Rhythmus die Augen. Sei wieder hier, erfrischt und wach.

# Neue Vitalität

In der traditionellen chinesischen Medizin spielt das Chi eine wichtige Rolle. Die traditionellen chinesischen Ärzte glauben, dass in allem, was existiert, eine Energie fließt. Nach ihrer Vorstellung muss diese beweglich sein, damit das Leben pulsieren kann. Der menschliche Körper verfügt im Bereich des Nabels über ein wichtiges Energiezentrum, sozusagen einen inneren Brunnen der Lebenskraft. Mit dieser Lebenskraft haben sich auch westliche Psychologen und Philosophen immer wieder beschäftigt. Jeder von uns spürt, ob sein momentaner Vorrat an Lebensenergie groß genug ist, um dem Leben optimistisch entgegenzutreten.

### Anleitung

Mach es dir auf deinem Platz bequem und schließ die Augen. Atme ein Mal langsam aus. Achte darauf, dass deine beiden Füße fest auf dem Boden stehen.

Wenn du nun einatmest, dann lass die Luft in deinen Bauch strömen. Spüre, wie dein Nabel sich beim Einatmen hebt und beim Ausatmen senkt…

Und während du so gleichmäßig weiteratmest, bemerkst du bei jedem Atemzyklus, wie dein Körper sich füllt und entleert. Er pulsiert wie Ebbe und Flut, wie ein zu- und abnehmender Mond oder wie der Wechsel von Tag und Nacht. Immer schon haben die Menschen Zyklen beobachtet und Hoffnung daraus geschöpft, weil sie ihnen Sicherheit gaben. Und Sicherheit und Hoffnung sind für uns so wichtig wie die Luft zum Atmen.

Stell dir nun vor, dass es in deinem Bauch einen Brunnen gibt, in dem deine Lebenskraft gespeichert ist. Und jedes Mal, wenn du einatmest, kannst du neue Lebenskraft in den Brunnen hineinströmen lassen…

Konzentriere dich nun bitte auf deine Augen. Denk an die Bilder und Ereignisse, die deine Augen täglich verarbeiten müssen. Spüre nun die Rückseite deiner Augäpfel. Stell dir vor, dass es dort einen kleinen Wasserfall gibt, der in dir hinabströmt, bis in den Brunnen der Lebenskraft. Dieser Wasserfall lässt alle überflüssige Energie aus deinen Augen hinausfließen, alle Erregung und Unruhe, die sich angesammelt hat. Hier im Brunnen der Lebenskraft kann diese überschüssige Energie zu deinem Nutzen gesammelt werden. Spüre, wie der Druck in deinen Augen nachlässt, spüre, dass deine Augen Entspannung und Frieden finden.

Geh jetzt mit deiner Aufmerksamkeit in das Innere deiner Ohren. Denk an all die Worte und Töne, die deine Ohren täglich aufnehmen. Lass auch von hier aus in deinem Innern zwei kleine Bäche hinabfließen in den Brunnen in deinem Bauch. Dort kann auch die überflüssige akustische Energie gesammelt werden und zu deinem Wohlbefinden beitragen. Spüre, wie deine Ohren still und friedlich werden, wenn sie ihre Erregung an den Brunnen der Lebenskraft abgeben.

Und nun stell dir irgendeinen Ort in der Natur vor, wo ein prächtiger Baum steht. Betrachte den starken Stamm. Bemerke, wie Zweige und Äste hoch in das Licht der Sonne und in die frische Luft aufragen. Spüre, wie die Wurzeln des Baumes tief hinabreichen in die Erde und wie sie von dort Wasser und Nährstoffe heraussaugen. Spüre die mächtige und beschützende Präsenz des alten Baumes…

Tritt nun näher heran und betaste die schützende Rinde des Baumes. Vielleicht möchtest du ihm noch näher kommen und deine Arme um ihn herumlegen oder dich mit deinem Rücken an ihn lehnen. Vielleicht fühlst du dich mit der Zeit wie ein Bruder oder eine Schwester des Baumes und beginnst, gemeinsam mit ihm zu atmen…

Spüre, wie sich deine Fußsohlen öffnen und die Energie der Erde aufsaugen. Stell dir vor, dass du feine Wurzeln hast, die tief in die Erde hineinreichen und die Kraft der Erde aufnehmen. Die Erde verfügt über ein unermessliches Reservoir an Lebenskraft. Du darfst daran teilhaben und dich regenerieren. Du kannst dich in den natürlichen Kreislauf des Lebens einfügen, der den Baum, die Erde, das Wasser, die Luft und das Sonnenlicht verbindet. Jetzt bist auch du in dieses Wunder einbezogen.

Spüre die geheimnisvolle Energie von Sonne, Erde, Wasser und Luft. Lass ihren natürlichen Reichtum in deinen Organismus hineinströmen und spüre, wie du mit frischer Lebenskraft beschenkt wirst, während du ausruhst und diesen schönen Platz genießt… (1 Min.)

Und wenn du bereit bist, dann kannst du jetzt mit deiner Aufmerksamkeit hierher zurückkehren. Atme ein Mal langsam aus und öffne in deinem eigenen Rhythmus die Augen. Sei wieder hier, erfrischt und wach.

# Angst und Stress auflösen

Wir können Aufregungen, Angst und andere negative Gefühle nicht vermeiden, aber wir können dafür sorgen, dass unser Organismus nach jedem Alarm bald wieder zur Ruhe kommt.

Die schnelle Entspannung nach Stress wirkt lebensverlängernd. Und dazu benötigen wir nicht einmal viel Zeit, sondern ein paar Minuten genügen, um unseren Organismus in eine neue Balance zu bringen.

**Anleitung**

Mach es dir auf deinem Platz bequem und schließ die Augen. Atme ein Mal langsam aus.

Stell dir vor, dass du am Meeresstrand im warmen Sand liegst. Wellen rollen heran, eine nach der anderen, sie kommen näher und näher an deinen Körper, bis sie dich erreichen und deinen Körper überspülen. Und jede Welle, die von dir zurückfließt und sich wieder mit dem Ozean vereinigt, reinigt dich von Anspannung, Angst und Stress. Jede Welle befreit dich von innerer Aufregung und Anspannung. Nach und nach und mit jeder Welle fühlst du dich besser, entspannter und friedlicher. Spüre einfach, wie die Wellen sanft deine Anspannung aus dem Körper herauslösen…

Du kannst die Stärke der Wellen deinen Wünschen anpassen. Lass das Wasser nur so hoch steigen, wie es dir angenehm ist.

Genieße diese Wasserkur, die deinen Stress auflöst und dir frische Kraft gibt… (1 Min.)

Und wenn du bereit bist, dann atme ein Mal langsam aus und komm mit deiner Aufmerksamkeit hierher zurück. Öffne in deinem eigenen Rhythmus die Augen und sei wieder hier, erfrischt und wach.

# Angst und Sorgen

Wer sich zu viel mit den eigenen Sorgen beschäftigt, dem fehlt am Ende die Kraft, etwas Nützliches für eine bessere Welt zu tun. Darum ist Sorgenprophylaxe so wichtig wie die tägliche Dusche. Sie reinigt unseren Geist und hilft uns, unsere Zeit produktiver zu verbringen.

## Anleitung

Mach es dir auf deinem Platz bequem und schließ die Augen. Atme ein Mal langsam aus.

Stell dir vor, dass du am Ufer eines Flusses sitzt, der langsam an dir vorbeiströmt. Das Wasser ist kristallklar und du kannst die Kieselsteine auf dem Grund sehen… An der Oberfläche treiben hell leuchtende Blätter vorbei, wie winzige Boote… und wenn du dich umsiehst, dann stellst du fest, dass der Fluss stromabwärts eine Biegung macht und aus deinem Blickfeld verschwindet…

Du genießt die Ruhe an diesem Platz und gestattest dir, mit freundlicher Aufmerksamkeit Bilder und Worte zu beobachten, die durch dein Bewusstsein fließen. Und jedes Mal, wenn eine Sorge die Stille deines Geistes stört, kannst du dir vorstellen, dass du diese Sorge auf eines der leuchtenden, vorbeitreibenden Blätter setzt… Beobachte, wie das Blatt von der Strömung mitgenommen wird und in der Biegung des Flusses verschwindet…

Du weißt, dass du dich von deinen Sorgen lösen kannst und sie weit, weit von dir wegreisen lassen, bis in den Ozean.

Jetzt kannst du dir innere Ruhe gönnen und alle Ängste und Sorgen loslassen und erleben, was es bedeutet: Aus den Augen aus dem Sinn…

Und wenn du bereit bist, dann komm jetzt mit deiner Aufmerksamkeit hierher zurückkommen. Öffne in deinem eigenen Rhythmus die Augen und sei wieder hier, erfrischt und wach.

# Den Blutdruck regulieren

Hoher Blutdruck kann Gefäße und Organe schädigen und zur Ursache ernster Krankheiten werden. Darum ist es weise, die Kunst der Entspannung zu lernen, um dem vorzubeugen.

**Anleitung**

Mach es dir auf deinem Platz bequem und schließ die Augen. Atme ein Mal langsam aus.

Stell dir vor, dass tief in dir ein helles Licht brennt. Wenn du dort hineinatmest, leuchtet das Licht heller und intensiver. Du kannst das Licht so einstellen, dass du dich entspannst und zur Ruhe kommst.

Wenn dein Atem langsamer geht, wird auch dein Herzschlag langsamer. Stell dir vor, dass sich auch dein Zeitgefühl ändert. In diesem Augenblick musst du nichts tun… In diesem Augenblick darfst du deine tiefe Entspannung genießen…

Mach weiter so und lass einfach die Luft hinein- und hinausfließen. Vertraue deinem Körper, dass er dich gut versorgt. Verlass dich auf die Weisheit deines treuen Körpers.

Richte nun deine Aufmerksamkeit auf Hände und Füße und lass sie wärmer und weicher werden…

Vielleicht möchtest du dir vorstellen, dass du einen wunderschönen Strand entlanggehst, mit einem Strandtuch und einem Picknickkorb… Spüre die körnige Wärme des Sandes unter deinen Füßen… Komm zu einer einsamen Stelle und leg dich in den warmen Sand… Lass dir Zeit, das Rauschen des Windes im Strandhafer zu hören… Öffne deinen Korb und schenk dir etwas zu trinken ein… Genieße die Ruhe der Natur…

Nach einer Weile bekommst du Lust, noch ein paar Schritte zu gehen und du findest gleich in der Nähe ein kleines Strandhaus. Du öffnest die Eingangstür und erblickst eine brennende Kerze. Außerdem steht dort ein bequemer Sessel, in dem du versinken kannst… Du weißt, dass deine Gefäße jetzt weiter werden und mehr Platz haben für dein Blut… Spüre die Entspannung in Armen und Beinen und lass das Blut sanft und frei bis in Finger und Zehen fließen…

Vielleicht möchtest du dir vornehmen, häufiger auf deine innere Verfassung zu achten, um dafür zu sorgen, dass du so entspannt bist, wie es dir guttut. Und erinnere dich daran, dass es drei goldene Schlüssel gibt, die deinen Organismus entspannen:

- Der erste Schlüssel ist ein langes Seufzen beim Ausatmen…
- Der zweite Schlüssel ist der Gedanke an einen Menschen, den du liebst…
- Der dritte Schlüssel ist die Dankbarkeit, mit der du an etwas denkst, was dein Leben an diesem Tag reicher und schöner gemacht hat…

Diese drei goldenen Schlüssel kannst du immer dann benutzen, wenn du etwas Ruhe und innere Entspannung gebrauchen kannst.

Und wenn du bereit bist, dann kannst du jetzt mit deiner Aufmerksamkeit hierher zurückkehren. Atme ein Mal langsam aus und öffne in deinem eigenen Rhythmus die Augen. Sei wieder hier, erfrischt und wach.

# Positive Gefühle und Gesundheit

Wer sich wohlfühlt und optimistisch auf das Leben schaut, der sorgt meist auch besser für sich, schläft genug, meidet Stress und bewegt sich ab und zu in der Natur. Das alles hält uns gesund.

Positive Gefühle wirken direkt auf den Organismus, entspannen die Blutgefäße und beruhigen das Hormonsystem. Das Herz schlägt langsamer, die Stresshormone nehmen ab. Erschöpfung, Angst und Aggressionsbereitschaft werden reduziert, wenn wir die positiven Gefühle verstärken können, wie z.B. durch diese wirksame Trance.

## Anleitung

Mach es dir auf deinem Platz bequem und schließ die Augen. Atme ein Mal langsam aus.

Überlass deinen Körper seiner eigenen Regie und konzentriere dich auf deinen wunderbaren, unbewussten Geist, der wirklich alles über dich weiß. Wenn du bereit bist, dann öffnet er sich wie eine Blüte, um die Worte zu hören, die ich dir anbiete, während du dich tiefer und tiefer treiben lässt...

Dein unbewusster Geist ist völlig wach dabei, aktiv und aufmerksam, bei Tag und bei Nacht... Und er sorgt für neue Lebenskraft, für Gesundheit, Heilung und Erholung. Außerdem hilft er dir, all diese positiven Betrachtungen zu deinem eigenen Besten aufzugreifen.

Immer ruhiger und friedlicher werden dein Geist und dein Körper, entspannter und gelassener. Stell dir jetzt vor, dass du an einem wunderschönen Ort bist, wo du dich sicher fühlst und dessen heilsame Atmosphäre dir guttut. Vielleicht bist du auf einer Lichtung im Wald, wo du dich geschützt und sicher fühlst, fast wie zu Hause, und du spürst, dass du da hingehörst und dass du hier geschätzt und geliebt wirst.

Hier kannst du dich vollkommen entspannt fühlen... Der Boden ist weich... Das Sonnenlicht dringt gedämpft durch Zweige und Blätter und die Töne des Waldes sind sanft und beruhigend...

Da entdeckst du neben dir einen kleinen Teich, gefüllt mit kristallklarem Wasser, der von einer warmen Quelle gespeist wird... Feiner

Dampf steigt aus dem warmen Wasser empor, das dich einlädt… Stell dir vor, dass du diese Einladung annehmen willst. Du steigst über eine bequeme Steintreppe langsam hinab und fühlst dich dabei immer leichter, von Stufe zu Stufe…

Du kannst selbst entscheiden, wie weit du die Treppe hinabgehen möchtest, um alle Sorgen und Schwierigkeiten zu vergessen und dich dem Wasser anzuvertrauen, das anfängt, deinen Körper sanft zu streicheln…

Das Wasser kommt in Bewegung und wärmt und massiert deinen ganzen Körper, Muskeln und Gelenke und es beruhigt deine Nerven. Seine Wärme dringt sanft in dich ein und löst alle Spannungen und Schmerzen. Dieses Wasser hat magische Kräfte. Es schenkt dir Linderung und frische Energie. Alle Gelenke, Muskeln und Organe, die belastet waren, können jetzt aufatmen und sich freier und friedlicher fühlen.

Du kannst dich noch weiter entspannen, während das Wasser dich zuverlässig hält und dir Ruhe und Wohlbefinden schenkt, sodass Anspannung und Schmerz aus dir herausfließen und dein Körper anfangen kann, sich selbst zu regenerieren und zu heilen. Ich will jetzt eine Weile schweigen, damit du Gelegenheit hast, in dieser heilenden Quelle zu verweilen und dich von dem Wasser verwöhnen zu lassen… (2-3 Min.)

Stell dir nun vor, dass du aus dem warmen Wasser des Teichs wieder heraussteigst, ausgeruht und vollständig entspannt. Du weißt, dass du jederzeit hierher zurückkehren kannst. Vielleicht möchtest du dich jetzt auf dem weichen Gras ausruhen und in den blauen Himmel schauen, wo eine einzelne Wolke direkt über dir vorbeizieht.

Auf dieser Wolke erkennst du ein Bild deines Körpers und du siehst all die Stellen, die dir Sorgen gemacht haben. Sie sind in ein sanftes, blaues Licht getaucht, in eine Aura der Heilung und der Erlösung und du weißt, dass dieses blaue Licht alles aufgesaugt hat, was dich belastet und gequält hat.

Mit jedem Atemzug und mit jedem Herzschlag wird dieses blaue Licht blasser… Sein Verschwinden zeigt dir an, wie weit du dich schon von deinen Schmerzen und Unbehagen befreit hast.

Lass das blaue Licht alle Reste von Anspannung und Unruhe aufsaugen und deinen Körper befreien, damit angenehme Gefühle in den Vordergrund treten können. Und beobachte, wie die Reste des blauen Lichts als hellblauer Nebel langsam aufsteigen und von der Sonne vollständig aufgelöst werden. Nun kannst du dich fast gänzlich frei fühlen und beobachten, wie dein Körper jetzt von einem weißen Licht umfangen wird, das wie ein heller Balsam alle Gelenke beweglich macht. Es erfrischt auch deine Muskeln und Nerven, sodass dein ganzer Organismus mit neuem Leben erfüllt wird…

Verlasse jetzt diesen stillen Platz und komm hierher zurück. Eine neue Tür hat sich in deinem Leben geöffnet. Sie macht es möglich, dass du neue Hoffnung schöpfst und in allen Situationen das Beste erkennst. Du verdienst es, gesund zu sein und geliebt zu werden.

Und wenn du bereit bist, dann komm mit deiner Aufmerksamkeit hierher zurück. Öffne in deinem eigenen Rhythmus die Augen. Sei wieder hier, erfrischt und wach.

# Goa

Ehe diese portugiesische Kolonie wieder zurück zu Indien kam, war sie das Paradies für sonnenhungrige Hippies. Hier gab es tropische Natur, weite Sandstrände und viele Gleichgesinnte. Alle liebten das Leben, die Liebe und die grenzenlose Freiheit. Ohne Zeitdruck gaben sich die Gäste ihren manchmal exzentrischen Vergnügungen hin. Was wir von den Hippies lernen können, lässt sich in drei Worten einfach ausdrücken: Loslassen, lieben und sich lieben lassen…

## Anleitung

Mach es dir auf deinem Platz bequem und schließ die Augen. Atme ein Mal langsam aus.

Stell dir vor, dass du in einem tropischen Land gute Freunde besuchst. Du hast Ferien und gestattest dir, tief ins Leben einzutauchen.

Es ist Sonntagnachmittag. Du lebst in einem Haus am Strand und liegst auf deinem Bett. Abwechselnd liest du in einem Buch und träumst dann wieder… Draußen regnet es… die Regentropfen trommeln gegen das Fenster und auf das Blechdach… Am Haus vorbei führt eine unbefestigte Straße in eine Plantage, in der Ananas und Avocados angebaut werden…

Nun dringen die leisen Klänge eines Klaviers an dein Ohr… Neugierig stehst du auf und gehst eine Treppe hinab… Das Spiel wird lauter… Eine Frau sitzt an einem Klavier und spielt langsame Stücke – klassischen Blues…

Du setzt dich an einen großen, runden Tisch… Nach und nach kommen andere Menschen ins Zimmer und setzen sich zu dir… Ihr fasst euch bei den Händen… Spüre die Wärme und das pulsierende Blut der anderen Hände… Du hörst, wie auch hier der Regen gegen die Scheiben prasselt… Regen hat dir immer gutgetan. Du bist schon oft im strömenden Regen herumgelaufen, um auf gute Gedanken zu kommen. Vielleicht gelingt dir das auch diesmal.

Steh auf und geh nach draußen ans Meer… Der Wind bläst kräftig… Deine Lippen schmecken salzig und du bekommt Lust, ins Wasser einzutauchen… Über dir hörst du die Schreie der Möwen und der Wind wird kräftiger und lauter. Er treibt mächtige Wellen an die Küste... Du hörst, wie die Wellen zu dir sprechen: Wir lieben dich... Bei uns bist du zu Hause... Komm mit uns hinaus aufs Meer...

Du läufst in die Brandung und schwimmst hinaus, so weit, dass du dich von den Wellen wiegen lassen kannst... Auch hier draußen hörst du ihre Stimmen, die dir zuflüstern: Wir lieben dich... Bei uns bist du sicher...

Du weißt nicht, wie lange du dort in den Wellen bleibst. Du verlierst das Gefühl für die Zeit... Irgendwann entschließt du dich zurückzuschwimmen...

Als du den Strand erreichst, hat der Regen aufgehört und der Himmel ist wieder heller. Ein Regenbogen wölbt sich über der Küste. Du siehst darin ein Glücksversprechen und beschließt, in allem, was du erlebst, Zeichen von Glück zu sehen.

Und wenn du bereit bist, dann kannst du nun mit deiner Aufmerksamkeit hierher zurückkehren. Atme ein Mal langsam aus und öffne in deinem eigenen Rhythmus die Augen. Sei wieder hier, erfrischt und wach.

# Heiße Quellen

Heiße Quellen sind ein besonderes Geschenk der Natur. Hier verbinden sich die vier Elemente Feuer, Wasser, Erde, Luft, und sorgen mit konzentrierter Energie für Entspannung und Heilung. Darum strömen jährlich viele Menschen zu diesen beeindruckenden Naturphänomenen.

**Anleitung**

Mach es dir auf deinem Platz bequem und schließ die Augen. Atme ein Mal langsam aus.

Stell dir vor, dass du hoch über dem pazifischen Ozean an einer Felsenküste stehst. Du möchtest in einer heißen Quelle baden. Ein geräumiges Bassin erwartet dich. Die Wassertemperatur ist so, wie du es dir wünschst und der Blick auf den Ozean lädt dich ein, von Abenteuern zu träumen. Als du im Wasser sitzt, fühlst du dich sicher und bereit, deinen Körper der heilenden Wärme zu überlassen. Langsam lösen sich Gefühle von Enge und Anspannung auf und auch deine Gedanken kommen zur Ruhe. Jetzt, wo deine alltäglichen Sorgen verflogen sind, kannst du dich deinen Tagträumen überlassen… friedlich… heiter… neugierig… Eine frische Brise weht über dein Gesicht und von Weitem hörst du die Töne eines Windspiels…

Du schaust auf den Ozean und bemerkst, dass die Sonne schon tief steht und sich darauf vorbereitet, ins Wasser einzutauchen. Der Himmel leuchtet wunderschön und ganz oben ziehen flauschige Wolken langsam über dich hinweg… Beobachte, wie der Himmel zuerst golden leuchtet, dann kupferfarben, dann violett und zum Schluss dunkelrot…

Allmählich verdunkelt sich der Himmel und über der Küste steigt der Mond empor. Bald glitzern auch die ersten Sterne am Nachthimmel.

Du legst den Kopf zurück und blickst mit halb geschlossenen Lidern in den Himmel. Du fühlst dich mit dem Universum verbunden, das dir friedlich und freundlich erscheint. Alles scheint gut und wohlgeordnet. Die warme Quelle macht es dir leicht, ein optimistisches Bild von der Welt zu entwickeln. Nachdem du diese kräftige

Portion Hoffnung genossen hast, bist du bereit, wieder in den Alltag zurückzukehren…

Atme ein Mal langsam aus und öffne dann in deinem eigenen Rhythmus die Augen. Sei wieder hier, erfrischt und wach.

## Malediven

Tagträume sind wichtig. Sie versorgen uns mit positiven Bildern. Wir haben dann einen kleinen Vorrat an Positivität, der uns in die Lage versetzt, auch die Härten und Enttäuschungen des Lebens zu überstehen. Außerdem zeigen die Tagträume uns unsere Wünsche und Ziele. Sie verbinden uns mit der Zukunft.

### Anleitung

Mach es dir auf deinem Platz bequem und schließ die Augen. Atme ein Mal langsam aus.

Stell dir vor, dass du im Urlaub auf einer Insel im Südpazifik bist, deine Sorgen und Probleme hast du zu Hause zurückgelassen. Du fühlst dich vollkommen unbeschwert, es gibt weder Konflikte noch Zeitdruck.

Hier im Urlaub kommt dein Körper zu seinem Recht. Du achtest darauf, deinen Lebensrhythmus so zu gestalten, dass deine Sinne die Schönheit der Umgebung in Ruhe genießen können…

Du gehst am Strand entlang und lässt das warme Wasser des Ozeans über deine Füße strömen… Du bist bequem angezogen. Du spürst den feuchten Sand unter deinen Füßen… und hörst den regelmäßigen Pulsschlag der Brandung…

Nach einer Weile hast du Lust, dich hinzulegen… Du suchst dir ein Plätzchen, wo du dich auf dem feinen, weißen Sand ausstrecken kannst… Über dir siehst du den tiefblauen Himmel, nur eine winzige Wolke ist am Horizont zu sehen…

Du fühlst dich entspannt und friedlich… Du möchtest diese innere Ruhe vertiefen und nimmst dir deshalb vor, alle Gedanken und Bilder in deinem Geist vorüberziehen zu lassen und deine eigenen geistigen Prozesse tolerant zu betrachten… Wenn du darauf verzichtest, an Zukunft oder Vergangenheit zu denken, wenn du es aufgibst, Menschen und Ereignisse zu bewerten, dann verbessert sich die Qualität deiner Wahrnehmung… (1 Min.)

Und wenn du bereit bist, dann kannst du jetzt aufstehen, wieder zum Wasser zurückkehren und deine Wanderung fortsetzen. Vielleicht möchtest du dir solche Pausen häufiger schenken…

Kehre nun von dort hierher zurück. Atme ein Mal langsam aus und öffne in deinem eigenen Rhythmus die Augen. Sei wieder hier, erfrischt und wach.

# Ruhe, Liebe, Dankbarkeit

Permanente Aufmerksamkeit ermüdet unser Gehirn und sorgt für negative Gefühle. Wir brauchen immer wieder kleine Gelegenheiten zum Träumen, zum «Abschalten», zum Chillen. In solchen Situationen übernimmt unser unbewusster Geist die Regie und sorgt für eine erholsame Pause.

## Anleitung

Mach es dir auf deinem Platz bequem und schließ die Augen. Atme ein Mal langsam aus.

Stell dir vor dass es in deinem Geist einen Teich gibt, dessen Oberfläche vollkommen still und glatt ist wie ein Spiegel. Der Raum über dem Wasser gehört zu deinem bewussten Geist und der Raum unter der Oberfläche gehört zu deinem Unbewussten.

Du kannst in diesen Teich alle deine Wünsche hineingeben. Vielleicht möchtest du zunächst einen wunderschönen Stein hineinwerfen. Einen Stein, der dir geistige Ruhe und Konzentration schenkt. Lass ihn auf den Boden des Teichs sinken und dort zur Ruhe kommen. Vielleicht möchtest du auch einen Stein der Besonnenheit in deinem Teich deponieren, der dafür sorgt, dass du bei überraschenden, negativen Ereignissen nicht gleich an die Decke gehst… Vielleicht möchtest du einen Stein hineingeben, der mehr Liebe in dein Leben bringt und einen weiteren Stein, der für mehr Dankbarkeit sorgt. Wenn du diese wertvollen Steine in dir sammelst, dann können deine Wünsche leichter Wirklichkeit werden. Bilder wirken wie ein Magnet, sie helfen uns auf geheimnisvolle Weise, unsere Ziele zu erreichen.

Diesen Teich der Wünsche kennt niemand außer dir. Dort sind deine Hoffnungen sicher aufbewahrt…

Und nun komm langsam mit deiner Aufmerksamkeit hierher zurück. Atme ein Mal langsam aus und öffne in deinem eigenen Rhythmus die Augen. Sei wieder hier, erfrischt und wach.

## Der besondere Platz

Der besondere Platz ist ein imaginärer Ort, an dem wir die Welt ausschließen und mit ihr auch deren Spielregeln, Anforderungen und Einschränkungen. Hier können wir uns so verhalten, wie wir es wollen, hier können wir Erfolge erleben, die wir uns wünschen und Dinge lernen, die sonst nicht so leicht möglich sind. Vor allem sind wir hier sicher vor Neid und Angriffen. Wir allein haben die Zugangsberechtigung und andere Menschen kommen nur mit unserer ausdrücklichen Erlaubnis hierher. Besonders in Krisenzeiten kann der besondere Ort eine große Hilfe sein. Hier kann Vertrauen wachsen, hier kann Zuversicht gedeihen.

### Anleitung

Mach es dir auf deinem Platz bequem und schließ die Augen. Atme ein Mal langsam aus.

Stell dir vor, dass du durch eine ganz besondere Tür gehst. Wenn du sie hinter dir schließt, dann bist du an einem Ort, von dem der Rest der Welt ausgeschlossen ist. Hier kannst du Ruhe und Frieden finden. Hier bist du in der Lage, Kontakt mit deinem Unbewussten aufzunehmen. Hier kannst du erleben, wie Sorgen und Ängste plötzlich von dir abfallen. Du kannst dich an das erinnern, wofür du dich wirklich interessierst und kannst alles vergessen, wovon du dich gern entlasten möchtest. Du merkst schon, dass hier alles möglich ist, wie im Märchen.

Dazu gehört auch, dass du diesen besonderen Ort frei wählen kannst. Vielleicht soll er draußen in der Natur liegen, vielleicht in einem Garten, vielleicht im Innern eines Hauses. Such dir etwas aus, wo du dich glücklich, sicher und zufrieden fühlen kannst. Du kannst hierherkommen, wenn du dich von einem negativen Gefühl lösen möchtest. Hier kannst du unangenehme Gefühle aus deinem Herzen verbannen und durch positive Gefühle ersetzen. Hier kannst du dich auch von Schuld und Schamgefühlen befreien und ein neues Bild von dir selbst entwickeln. Hier wird dir wieder bewusst, dass du als unschuldiges, kleines Kind auf die Welt gekommen bist und dass du Liebe, Fürsorge und Respekt verdienst. Hier wird dir auch klar, dass Körper und Geist bei dir, wie bei jedem Menschen, zusammengehören und die gleiche Beachtung und Fürsorge verdienen. Mit anderen Worten: Dieser geheime und private Ort erinnert dich ein wenig an das Paradies. Hier gibt es allerdings keine Verbote, hier darfst du ausprobieren und herausfinden, was für dich selbst und für andere am besten ist.

Behalte diesen magischen Ort gut in deinem Gedächtnis und wenn du bereit bist, atme ein Mal langsam aus. Öffne in deinem eigenen Rhythmus die Augen. Sei wieder hier, erfrischt und wach.

# Negative Gefühle loslassen

Wenn wir genauer über negative Gefühle nachdenken, dann stellen wir fest, dass sie oft Energieverschwendung sind und alles noch schlimmer machen. Dagegen können positive Gedanken und Gefühle uns helfen, eine Aufwärtsspirale in Gang zu setzen: Alles wird besser…

Wenn wir zornig sind, frustriert oder eifersüchtig, dann hat es meist den einen Grund: Wir bekommen nicht das, was wir uns wünschen. Stattdessen sollten wir den Versuch wagen, damit aufzuhören, uns Dinge zu wünschen, die wir nicht bekommen können. Dann werden wir auf der Stelle glücklicher sein und zufrieden mit dem, was wir haben.

### Anleitung

Mach es dir auf deinem Platz bequem und schließ die Augen. Atme ein Mal langsam aus.

Wenn du über deine negativen Gefühle nachdenkst, wirst du feststellen, dass sie dich nicht gerade kreativer oder glücklicher machen. Nichts spricht dagegen, dass du deine negativen Gefühle loslässt.

Wenn du z.B. traurig bist, weil du etwas verloren hast, kannst du jetzt darüber trauern und dich dann von deiner Sehnsucht verabschieden, von diesem Verlangen, das Verlorene wiederzubekommen.

Du kannst dir vorstellen, dass du am Strand stehst. Im Wasser schaukelt ein kleines Boot, das bereit ist, gefährliche Fracht an Bord zu nehmen. Dort kannst du z.B. deinen Kummer und deine Sehnsucht verstauen…

Und wenn du Schuldgefühle hast, weil du jemandem Unrecht getan hast oder weil du etwas Wichtiges versäumt hast, dann vergib dir jetzt und lass das Gefühl los. Vermutlich hast du in jeder Situation das getan, was dir möglich war. Also vergib dir jetzt und deponiere dein Schuldgefühl auf dem kleinen Boot.

Wenn dich Gefühle von Eifersucht oder Rache quälen, so weißt du, dass diese Gefühle dir in keiner Weise nützen. Im Gegenteil, sie schwächen dich und verhindern, dass du dich auf deine persönlichen

Stärken konzentrieren kannst: auf Liebe, Wärme, Freundschaft, Fürsorge, Loyalität und viele andere Dinge mehr. Lass darum die gefährlichen negativen Gefühle los und bring auch sie an Bord des Bootes. Und wenn du dich von deinen negativen Gefühlen verabschiedest, dann kannst du eine neue Seite im Buch deines Lebens aufschlagen und in eine bessere Zukunft blicken.

Und wenn du wieder negative Gedanken und Gefühle hast, z.B. Angst, Ekel, Ärger, Schuld, Hass, Wut oder Eifersucht, wird dein Unbewusstes dir ein deutliches Signal geben… Eine Stimme wird dich fragen: «Willst du das?» Sag dann einfach: «Nein!» Du kannst deine Gedanken und Gefühle kontrollieren und dich dafür entscheiden, nur gute und positive Gedanken und Gefühle in deinem Herzen aufzubewahren. Das wird dir in Zukunft helfen… Du kannst jeden negativen Gedanken in einen positiven Gedanken umwandeln, damit du dich entwickeln und dein Leben genießen kannst. Du wirst dich auf das konzentrieren können, was du hast, was du liebst, du wirst verstehen und akzeptieren, was das Leben dir schenkt.

Und wenn du jetzt bereit bist, deinem negativen Ballast Adieu zu sagen, dann hast du etwas Wichtiges erreicht. Vielleicht bist du aber im Moment noch nicht so weit und willst dir noch etwas Zeit lassen. Am besten wäre es allerdings, wenn du deine negativen Gedanken und Gefühle schon jetzt verabschieden könntest, dann würdest du gleich das warme, positive Gefühl genießen, das sich einstellt, wenn du dich von gefährlichem Ballast trennst. Wenn du diesen Schritt jetzt gehen willst, dann gib dem Boot einen kräftigen Stoß und lass es vom Wind und von der Strömung auf das offene Meer hinaustreiben und überlass es den höheren Mächten, sich um diese negative Fracht zu kümmern…

Jetzt beginnst du bereits die Erleichterung zu spüren, dass dir diese Last von den Schultern genommen ist. Positive Gefühle wie Selbstvertrauen, Kreativität und Stolz darauf, dass du wertvoll bist, einzigartig und liebenswert, erfüllen dich nun.

Und wenn du bereit bist, dann verabschiede dich vom Wasser, das uns so bereitwillig von Überflüssigem befreit. Atme ein Mal langsam aus und öffne in deinem eigenen Rhythmus die Augen. Sei wieder hier, erfrischt und wach.

## Stressmanagement

Oft resultiert unser Stress aus der Art und Weise, wie wir mit Vergangenem umgehen. Oder wir erzeugen Stress, indem wir uns um zukünftige Ereignisse Sorgen machen, die vielleicht niemals eintreten. Diese Beschäftigung mit Vergangenheit und Zukunft können wir beenden und unsere Energie dafür auf die Gegenwart konzentrieren.

### Anleitung

Mach es dir auf deinem Platz bequem und schließ die Augen. Atme ein Mal langsam aus.

Nun stell dir vor, dass du an einem Strand bist, der wie geschaffen für dich ist. Er liegt in einer Bucht, offen zum Meer und trotzdem intim, wunderschön, natürlich und geschützt. Die Wellen rollen ganz sanft heran, die Luft ist frisch und weich und die Wolken sorgen dafür, dass sich ein lebendiges Muster von Licht und Schatten auf dem Sand abzeichnet.

Geh an eine Stelle, wo der Sand feucht ist von den Wellen, die ihn ab und zu überspülen. Dort kannst du einen Augenblick innehalten und an eine Situation denken, die dich belastet oder verwirrt…

Nimm nun ein Stück Holz und male damit ein einfaches Bild in den nassen Sand, das an die schwierige Situation erinnert. Du kannst auch ein Wort in den Sand schreiben, um das deine Gedanken kreisen.

Wenn du das getan hast, dann tritt bitte einen Schritt zurück und schau dir deine Skizze an. Warte dann einen Moment ab und beobachte, wie das Wasser des Ozeans herankommt, deine Skizze überschwemmt und deine Sorgen und negativen Gefühle allmählich auflöst. Und wenn die erste Welle zurückweicht, dann ist vermutlich immer noch etwas zu sehen, aber die Linien sind sanfter und vielleicht spürst du in dir, dass deine Anspannung sich schon etwas gelöst hat…

Lass noch eine zweite Welle kommen und dein Bild verwischen und deinen Stress noch schwächer machen. Vielleicht gibt es nur noch geringe Spuren, aber von deinem Bild ist jetzt nur noch eine Andeutung übrig…

Bemerke, dass du dich leichter und freier fühlst, während sich deine Gedanken und Gefühle im Wasser des Ozeans auflösen, aus dem alles Leben kommt. Und wenn das Meer noch einmal die Hand ausgestreckt hat, dann siehst du, dass der Sand jetzt ganz glatt und frisch ist, bereit für ganz neue Eindrücke. Spüre auch, wie klar und neugierig dein Geist ist, wenn das Wasser deine Sorgen und Nöte liebevoll ausgelöscht hat.

Geh jetzt an einen Platz am Strand, wo du deine positiven Gefühle genießen kannst: Zuversicht, Neugier, Liebe…

Und wenn du dazu bereit bist, dann atme ein Mal langsam aus und komm mit deiner Aufmerksamkeit hierher zurück. Öffne in deinem eigenen Rhythmus die Augen und sei wieder hier, erfrisch und wach.

# Freiheit

Hilflosigkeit ist ein besonders schädliches Gefühl. Doch zum Glück gibt es dazu ein komplementäres Gefühl, das unsere Lebenskraft stärkt und unsere Talente und Stärken freisetzen kann: Dieses Gefühl nennen wir Freiheit. Um dieses kostbare Gefühl geht es hier. Es ist unmöglich, dass wir uns gleichzeitig gestresst und frei fühlen. Stress ist immer mit einem Anflug von Hilf- und Ratlosigkeit verbunden.

### Anleitung

Mach es dir auf deinem Platz bequem und schließ die Augen. Atme ein Mal langsam aus.

Diese Imagination beginnt mit einem Geschenk: Sieh dich selbst so, wie du gern sein möchtest und stell dir vor, dass ein goldenes Licht deinen Körper umgibt, von Kopf bis Fuß. Dieses goldene Licht schützt dich und schenkt dir Sicherheit.

Stell dir nun bitte vor, dass du auf einer kleinen Insel bist. Diese Insel kannst du dir frei wählen. Sie soll genau so sein, wie du sie dir wünschst. Und wenn ich die Insel gleich etwas näher beschreibe, dann kannst du noch etwas hinzufügen oder verändern, ganz wie du möchtest.

Über dir ist ein hoher, weiter Himmel mit wenigen, zarten Wolken. Große und kleine Seevögel ziehen dort oben ihre Kreise. Ihr Flug wirkt mühelos und harmonisch und auch du bewegst dich ohne Anstrengung und in aller Ruhe. Vielleicht möchtest du auch lieber an einer Stelle länger verweilen. Am Fuß einer Düne findest du einen schattigen Platz, wo du dich anlehnen und weit hinausblicken kannst auf den Ozean, bis du vielleicht das Bedürfnis hast, die Augen zu schließen und zu träumen oder zu schlafen. Vielleicht möchtest du meine Stimme hören oder die Rufe der Möwen… Alles ist gut und sicher. Um dich herum ist nur die Schönheit der Natur und außerdem umgibt dich goldenes Licht. Das alles schenkt dir ein Gefühl von Freiheit und von unbegrenzten Möglichkeiten. Mit geschlossenen Augen fühlst du dich leicht oder schwer und hast schöne Träume von Orten der Kontemplation oder des Abenteuers…

Geh nun bitte tief in dein Inneres, wo du jene Schätze aufbewahrst, mit denen du gesegnet bist: Entschlossenheit, Freiheit, Intelligenz, Freude und Talent... Spüre, dass du dich allen Menschen mitteilen kannst, die in deinem Leben wichtig sind. Du hast kein Bedürfnis, sie zu verändern oder zu kontrollieren und auch dich selbst akzeptierst du so, wie du bist.

Spüre Freiheit und Freundlichkeit. Spüre, dass du auf dem Weg bist zu deinen Zielen und Träumen, zu allem, was für dich wichtig ist. Genieße das Gefühl der Handlungsfreiheit und der Möglichkeiten. Du musst nichts beweisen, nichts rechtfertigen, nichts verteidigen... Und im Hintergrund hörst du das Meer. Die Zeit bleibt stehen und du kannst dich treiben lassen. Dein Organismus ruht aus, dein Herzschlag ist gelassen und dein Blut strömt sanft und mühelos. Du kannst froh und dankbar sein, dass dein Körper ein so zuverlässiger Freund ist und du kannst es deinem unbewussten Geist überlassen, wann es Zeit wird, wieder aufzuwachen und in den Alltag zurückzukehren. Alles ist gut, alles ist sicher und du bist frei. Ich werde jetzt eine Weile schweigen, damit du die Ruhe genießen kannst... (1 Min.)

Und wenn du bereit bist, dann kehre mit deiner Aufmerksamkeit hierher zurück, atme ein Mal langsam aus und öffne in deinem eigenen Rhythmus die Augen. Sei wieder hier, erfrischt und wach.

# Gesunde Träume

Unser Unbewusstes hat alle Antworten für uns bereit, die wir im Leben brauchen und oft spricht es mit uns in unseren Träumen und Tagträumen. Es lädt uns ein, gemeinsam mit ihm die Richtung zu finden und Entscheidungen zu treffen.

**Anleitung**

Mach es dir auf deinem Platz bequem und schließ die Augen. Atme ein Mal langsam aus.

Stell dir vor, dass du einen schmalen Weg entlanggehst unter hohen Bäumen. Sie schenken dir Schatten und ab und zu erreichen dich die warmen Strahlen der Sonne. Von Zeit zu Zeit gelangst du auf eine kleine Anhöhe, die dir überraschende Ausblicke ermöglicht. Waldtiere tauchen auf und verschwinden wieder. Sie zeigen dir, dass du nicht allein bist.

Du rechnest damit, dass der Wald irgendeine Überraschung für dich bereithält. Diese Vermutung erfüllt sich, als du rechter Hand den Eingang einer Höhle entdeckst. Links neben dem Eingang fließt Wasser über einen Felsen und ergießt sich in einen kleinen Bach. Auf der rechten Seite, neben dem Eingang steht ein Quader aus Granit und darauf siehst du eine bunte, gewebte Decke und einen großen Bergkristall. In diesem Augenblick wird dir klar, dass du an einen heiligen Ort gelangt bist, vielleicht auch an einen Wendepunkt in deinem Leben.

Zuerst gehst du zum Wasser und lässt dich reinigen. Du hoffst, dass du auf diese Weise Vergebung findest für alles Leid, das du anderen zugefügt hast. Du bist bereit für etwas Neues, für Mitgefühl, Verständnis und Liebe.

Jetzt nimmst du die Decke und den Bergkristall an dich. Mit ihnen betrittst du die Höhle. Auf der rechten Seite der Höhle wartet eine Kammer auf dich, die von einem violetten Licht erhellt ist.

Du entschließt dich, in dieser besonderen Atmosphäre etwas zu verweilen. Setz dich auf deine Decke und behalte den Bergkristall in deinen Händen. Hier kannst du darauf warten, ob dir die Geister der Höhle einen heilenden Traum schenken. Vielleicht ist es im Augenblick nur dein unbewusster Geist, der diesen Traum erlebt und versteht. Du vertraust darauf, dass du zur rechten Zeit alles erfährst, was du wissen musst...

Genieße einen langen Augenblick diese besondere Atmosphäre und sauge sie tief in dich ein... (1 Min.)

Wenn du dann wieder aus der Höhle heraustrittst, achte bitte darauf, dass du unter deinen Füßen die Erde spürst. Lass deine gewebte Decke dort, wo du sie gefunden hast und entscheide dich, ob du den Bergkristall mitnehmen möchtest. Es ist auch möglich, dass sich der Stein im Hinausgehen in etwas anderes verwandelt hat, das dich optimal auf deinem Weg in die Zukunft begleiten kann.

Wirf einen letzten Blick auf die Höhle und danke diesem heiligen Ort für seine Unterstützung. Bedanke dich auch bei den unsichtbaren Hütern dieses Platzes, die das alles für dich arrangiert haben. Vertraue darauf, dass dieser Besuch zur rechten Zeit Früchte tragen wird.

Und wenn du bereit bist, dann komm mit deiner Aufmerksamkeit hierher zurück. Atme ein Mal langsam aus und öffne in deinem eigenen Rhythmus die Augen. Sei wieder hier, erfrischt und wach.

# Heilwasser

Die Vorstellung von magischem Wasser, das Krankheiten heilt und permanente Jugend gewährt, ist uralt. Welch faszinierender Gedanke. Wir schulden unseren Illusionen Dank. Sie sind eine Quelle für Optimismus und Zuversicht.

**Anleitung**

Mach es dir auf deinem Platz bequem und schließ die Augen. Atme ein Mal langsam aus.

Stell dir vor, dass du an einem Tisch sitzt mit einer Karaffe vor dir, in der eine goldene Flüssigkeit schimmert. Und während du die goldene Flüssigkeit anschaust, liest du das Etikett: Heilwasser.

Vielleicht bist du schon neugierig, wie diese Flüssigkeit schmeckt, vielleicht fragst du dich, wie stark ihre heilende Wirkung ist. Du bist noch unsicher, ob du davon trinken sollst und wenn ja, wie viel davon. Vielleicht hoffst du, dass sie dein Immunsystem stärkt. Vielleicht wünschst du dir, dass irgendein wichtiges Organ geheilt wird. Vielleicht möchtest du dein Herz stärken oder deine positiven Gefühle und deinen Optimismus.

Du greifst nach der Karaffe und schenkst dir ein. Beobachte die goldene Flüssigkeit während des Eingießens. Kannst du irgendetwas Besonderes feststellen?...

Hebe das Glas dann an die Lippen und probiere den heilsamen Trank. Möchtest du zunächst daran nippen oder willst du gleich einen tiefen Zug tun? Wie schmeckt die goldene Flüssigkeit? Das Geheimnis dieser Flüssigkeit besteht u.a. darin, dass sich ihr Geschmack auf die Persönlichkeit des Trinkenden einstellt.

Während die Flüssigkeit deinen Mund benetzt und deine Kehle hinabrinnt, kannst du vielleicht eine schnelle Wirkung feststellen. Ein Gefühl des Wohlbefindens und der Weite im ganzen Körper. Spüre die Heilwirkung der Flüssigkeit in deinen Armen und bis in Hände und Fingerspitzen, in deinen Beinen und bis in Füße und Zehenspitzen und lass auch deinen Kopf das Gefühl von Weite und Frische spüren...

Vielleicht fühlst du dich auch stärker, jünger und vitaler. Du darfst diesen Zustand genießen und damit rechnen, dass diese prickelnde Vitalität den ganzen Tag und vielleicht darüber hinaus anhält...

Bewahre die Karaffe mit dem Heilwasser gut in deinem Gedächtnis auf, damit du dich in Zukunft bei Bedarf daraus bedienen kannst.

Und wenn du bereit bist, dann komm nun mit deiner Aufmerksamkeit hierher zurück. Atme ein Mal langsam aus und öffne in deinem eigenen Rhythmus die Augen. Sei wieder hier, erfrischt und wach.

# Lourdes

Die Vorstellung, dass Wasser seelisch und körperlich heilen kann, ist uralt. Wir müssen nur mit aller Intensität an die Heilkraft des Wassers glauben, dann können wir das Wunder erleben. Im Laufe der Zeit haben es einige heilige Stätten geschafft, als besonders wirksam zu gelten. Ein Beispiel dafür ist die Quelle von Lourdes, die hauptsächlich von katholischen Pilgern besucht wird, die sich Heilung für ein körperliches Leiden, für eine chronische Krankheit oder für die Folgen eines Unfalls wünschen. Aber auch für nichtreligiöse Teilnehmer kann die Vorstellung der heilenden Quelle hilfreich sein. Sie unterstreicht unseren Optimismus, dass Heilung möglich ist und sie reduziert die Angst, die sich immer einstellt, wenn wir nicht an die Möglichkeit einer Besserung glauben. Es ist unser Glaube, der die Veränderung bewirkt.

## Anleitung

Mach es dir auf deinem Platz bequem und schließ die Augen. Atme ein Mal langsam aus.

Stell dir vor, dass du an einem Wasserbecken stehst, das tief genug ist, um darin zu schwimmen. Das Wasser kommt aus einer warmen Quelle am Boden des Beckens. Oben an der Oberfläche des Wassers kannst du Dampfschwaden sehen. Schau dich in der Umgebung des Wasserbeckens um... Versuche den Dampf in der Luft zu schmecken und zu riechen...

Achte auf alles, was du an diesem Ort hören kannst... Wie gefällt es dir hier?... Was erwartest du hier?...

Das Wasser im Becken ist sehr berühmt, weil es körperliche Probleme und seelische wie Angst und Mutlosigkeit heilen kann. Man sagt auch, dass dieses Wasser dem Pilger helfen kann, einen neuen Anfang zu machen. Je länger du in das Wasser schaust, desto einladender wirkt es auf dich. Stell dir vor, dass du eine Treppe hinabsteigst, die in das Becken führt. Du fühlst dich dabei sicher und behütet, auf jeder Stufe doppelt so sicher und doppelt so zuversichtlich. Stufe um Stufe kannst du hinabsteigen in das Wasser, das so tief ist, wie du es brauchst... Und wenn du bereit bist, dann kannst du jetzt in dieser heiligen Quelle baden.

Spüre, wie das warme Wasser deinen Körper umgibt. Der warme Dampf hüllt deinen Kopf ein, sodass du alle Sorgen und allen Kummer vergisst.

Öffne dich für die Heilkraft des Wassers und lass das Wunder der Heilung zu.

Wie fühlt es sich für dich an, wenn du dich diesem Wasser des Lebens anvertraust? Es ist ganz leicht, in diesem Wasser zu schweben… Ganz ohne Anstrengung kannst du dich auf den Rücken legen und vom Wasser tragen lassen. Woran erinnert dich dieses Gefühl?…

Weil du dich so sicher fühlst, kannst du dich hier vollständig entspannen. Das warme Wasser trägt dich und sorgt dafür, dass sich jedes Gefühl der Enge und der Anspannung in dir auflösen kann.

Und in dieser wunderbaren Geborgenheit kann der Prozess der Heilung beginnen. Dein Körper bildet neue Muskelfasern, Adern, Nerven und Synapsen. Alle Stresshormone fließen aus deinem Organismus hinaus und lösen sich in dem warmen Wasser der Quelle auf. Dein Organismus spürt: Dies ist ein neuer Anfang, alles, was erschöpft und beschädigt ist, wird erneuert.

Verlass dich darauf, dass dein Körper in dieser Quelle den Impuls bekommt, mit neuem Elan an deiner Heilung mitzuarbeiten, emotional und physiologisch.

Ich werde einen Augenblick schweigen, damit du auch den Teilen deines Körpers Aufmerksamkeit schenken kannst, die vielleicht schon darauf warten… (1 Min.)

An diesen Ort der Heilung kannst du jederzeit zurückkehren. Sag der Quelle jetzt Adieu und danke ihr für alles, was sie dir gegeben hat. Und wenn du bereit bist, kannst du jetzt ein Mal langsam ausatmen und dann in deinem Rhythmus die Augen öffnen. Sei wieder hier, erfrischt und wach.

# Engel im Garten

Wir sind Kinder der Freiheit und können wählen, wie wir leben wollen. Manchmal gehen wir in eine Richtung, in der uns besondere Hindernisse erwarten. Und wenn wir in Schwierigkeiten stecken, freuen wir uns über Unterstützung. Freundliche Helfer, Schutzengel, weise Männer und Frauen können uns den richtigen Weg weisen, uns Mut machen und frische Gedanken eingeben. Nicht immer jedoch erkennen wir unsere Schutzengel und guten Geister.

**Anleitung**

Mach es dir auf deinem Platz bequem und schließ die Augen. Atme ein Mal langsam aus.

Stell dir vor, dass du in einem wunderschönen Garten bist. Es ist ein Ort der Stille und des Friedens... Hier bist du ganz sicher und geborgen... Um dich herum siehst du die Schönheit der Natur... Blumen und Sträucher... hohe Bäume, die kühlen Schatten spenden...

Und etwas tiefer im Garten gibt es einen kleinen Brunnen, dessen Wasser in der Sonne glitzert. Es strömt in ein großes Becken, in dem Seerosen schwimmen und rotschwarze Fische, die am Grunde des Beckens ihre Bahnen ziehen. Manchmal springt ein Fisch hoch, um ein Insekt zu fangen.

Hier fällt es dir leicht, dich zu entspannen. Du legst alle Sorgen ab und beobachtest, wie sich deine Gedanken und Gefühle wandeln und Raum geben für etwas Neues.

Vielleicht möchtest du dich ins Gras legen und die Augen schließen. Inzwischen weißt du, dass dies ein besonderer Ort ist, ein Ort der Heilung und der Erneuerung. Hierher sind schon viele vor dir gekommen, um Frieden und Harmonie zu finden. Hier wirkt die heilende Kraft der Engel und Geister, die in all den Jahren bereit waren, leidenden Menschen beizustehen.

Du kannst dich jetzt entspannen und darauf warten, dass dein guter Engel erscheint... (1 Min.)

Es ist gut, dass du so geduldig bist. Vielleicht hörst du schon eine Stimme, die deinen Namen ruft... immer deutlicher, beruhigend und freundlich. Dies ist ein guter Engel, der zu dir kommt, ein Wesen des

Lichts, ausgestattet mit unendlicher Weisheit. Geschickt wurde er dir von jener Macht, die größer ist als unsere Vernunft…

Vielleicht spürst du eine Welle der Wärme, die durch deinen Körper strömt, wenn dein guter Engel dich freundlich berührt. Dieses Gefühl ist so beruhigend und so wirksam. Es hilft deinen eigenen, heilenden Kräften, alle Spannungen aufzulösen, den Kreislauf anzuregen, dein Immunsystem zu stärken und die Botenstoffe von Hoffnung und Liebe in deinem Organismus zu vermehren.

Dein guter Engel bewegt seine Hände über deinem Körper in dem Abstand, der am besten für dich ist, mit besonderer Konzentration auf die Stellen, die Aufmerksamkeit brauchen…

Von Minute zu Minute fühlst du dich in Wärme und Liebe eingehüllt und in deinem Inneren hörst du Worte der Anerkennung und der Ermutigung. Du kannst nicht sagen, ob sie von deinem guten Engel kommen oder von deiner eigenen inneren Weisheit…

Du bist zuversichtlich, dass dein Unbewusstes hier neue Impulse erhält, um diese Entwicklung zu Ruhe, Frieden und Heilung immer weiter fortzusetzen. Das alles soll zu deinem Besten geschehen.

Verabschiede dich nun von dem Garten und von deinem guten Engel. Du weißt, dass du immer hierher zurückkehren kannst…

Wenn du bereit bist, dann atme ein Mal langsam aus und öffne in deinem eigenen Rhythmus die Augen. Sei wieder hier, erfrischt und wach.

# Etwas Neues riskieren

Die Natur hat unser Gehirn mit Neugier ausgestattet. Für unsere Vorfahren war die Neugier ein Mittel, um zu überleben auf der Suche nach Nahrung, Wasser und Weidegründen. Später war die Neugier der Motor für die Entwicklung von Landwirtschaft und Städtebau. Da die menschliche Neugier so fest in uns verankert ist, leiden wir, wenn wir uns ihrem Impuls nicht häufig genug überlassen können. Routine und Langeweile führen auf Dauer in eine schleichende Depression. Darum ist die Wiederbelebung der Neugier so wichtig. Neugierige Menschen sind freundlicher, hilfsbereiter und weniger aggressiv oder rachsüchtig.

## Anleitung

Mach es dir auf deinem Platz bequem und schließ die Augen. Atme ein Mal langsam aus.

Gib dir einen Augenblick Zeit, um eine kleine Bilanz deines Lebens zu ziehen. Betrachte alles, was du bisher geschafft, was du in dir entwickelt hast und was dein Leben reich gemacht hat.

Du weißt, dass wir im Leben nicht stehen bleiben können. Darum gib dir die Erlaubnis, das zu erfinden und zu entwickeln, was du noch nicht hast. Verlass dich dabei auf die Ressourcen, mit denen du von Geburt an ausgestattet bist:

- deine Fähigkeit zu sehen,
- dein Talent zu hören…,
- deine Leidenschaft zu berühren,
- deine Lust, zu schmecken und zu riechen,
- deine Begabung, zu fühlen und zu denken,
- dein Bedürfnis, dich zu bewegen,
- dein Bedürfnis, deine Meinung zu sagen und Entscheidungen zu treffen..

Wenn du über dein Leben nachdenkst, dann mach dir bitte klar, dass schon vieles vorhanden ist, was du vielleicht noch nicht bewusst wahrgenommen hast. Diese Erlaubnis macht es dir leichter, manches Neue auszuprobieren.

Und vielleicht möchtest du dir auch an jedem Tag, in jeder Woche oder in jedem Monat ein Mal die Erlaubnis geben, etwas Neues auszuprobieren. Du kannst dieser Fähigkeit auch den Namen Lernen geben, Entwicklung oder Genießen.

Und nun möchte ich dich auf eine kleine Reise einladen, damit du siehst, wohin du in deinem Leben gekommen bist.

Stell dir vor, dass du an Bord eines kleinen Schiffes gehst, das den Strom deines Lebens bereist. Zunächst fährt dieses Schiff auf einem Fluss, an dessen Ufern du interessante Dinge beobachten kannst. Du kannst das Schiff steuern und seine Geschwindigkeit beeinflussen, du bist berechtigt, als Kapitän alle Entscheidungen zu treffen. Nur eine Sache kannst du nicht: Du kannst mit dem Schiff nicht umkehren. Deine Reise geht immer flussabwärts.

Und nun erkennst du an den Ufern die Spuren deines Lebens. Betrachte zunächst deine Herkunft, geografisch und psychologisch, und erkenne, welche Stärken du deinem Ursprung verdankst. Erkenne die Schätze, die du trotz aller Unzulänglichkeiten aus deiner Kindheitsfamilie mitgenommen hast und die Stärken, die du im Verlauf deiner Ausbildung entwickeln konntest.

Vielleicht siehst du am Ufer deines Lebensflusses auch deine wichtigsten Mentoren, Unterstützer und alle die Personen, denen du dankbar bist, weil sie dir Anregung gegeben haben.

Betrachte am Ufer deines Lebensstroms auch deine Erfolge. Die Dinge, die du geschafft, entwickelt und aufgebaut hast. Vielleicht manchmal trotz großer Schwierigkeiten.

Du bist nun vielleicht bereit, auch die Krisen und Katastrophen deines Lebens zu betrachten und gleich danach all das, was du daraus gelernt hast.

Du hast viele gefährliche Situationen überlebt und bist stärker daraus hervorgegangen.

Und warum ist das so? Weil du in der Lage bist, zu lernen und entschlossen zu handeln. Und wenn du dein Schiff jetzt weiter flussabwärts steuerst, dann kommst du an einem Denkmal vorbei, das alle Vorbeifahrenden an eine wichtige Aufgabe erinnert. Dieses Denkmal fordert dich dazu auf, dass du aufhörst, dich selbst zu kritisieren und dir Fehler anzukreiden. Du hast getan, was du tun konntest. Für die Zukunft aber bedeutet es die Genehmigung, etwas Neues zu wagen und dabei Fehlschläge einzukalkulieren. Das Denkmal fordert uns alle dazu auf, uns von der Lust des Lernens nicht abbringen zu lassen, selbst wenn wir uns irren und Fehler begehen.

Wenn du diesen Ort passiert hast, kommst du zu einer Hafenstadt, die an der Mündung deines Lebensstroms liegt. Hier wartet ein neues Abenteuer auf dich. Hier musst du den Kurs deiner Lebensreise neu bestimmen. Darum ist es gut, wenn du dir etwas Zeit dafür nimmst. Du hast verschiedene Optionen:

- Möchtest du die Stadt erkunden?
- Möchtest du dich an der Küste umsehen?
- Willst du ein größeres Schiff besteigen und in die Ferne reisen?
- Möchtest du in ein Flugzeug steigen, um aus höherer Warte deine Möglichkeiten zu erkunden?

Ich werde zwei Minuten schweigen und in dieser Zeit kannst du deine Möglichkeiten sondieren. Vielleicht möchtest du dazu auch die anderen beteiligten Instanzen einladen: dein Unbewusstes, dein Herz, dein spirituelles Bewusstsein…

Es spielt keine Rolle, ob du jetzt gleich zu einer klaren Entscheidung kommst oder erst später. Mach dir noch einmal bewusst, dass du jederzeit das Recht hast, etwas Neues zu riskieren… (2 Min.)

Und wenn du bereit bist, dann kannst du deine Reise an diesem Punkt unterbrechen und mit deiner Aufmerksamkeit hierher zurückkehren. Atme ein Mal langsam aus und öffne in deinem eigenen Rhythmus die Auge. Sei wieder hier, erfrischt und wach.

# Hypno-Zen

Manche Menschen nehmen sich zu wenig Zeit, um in ihrer Seele aufzuräumen. Sie konzentrieren sich auf ihre alltäglichen Verpflichtungen und vernachlässigen ihre Gefühle. Das führt in der Regel dazu, dass sich im Laufe der Zeit unerledigte Probleme ansammeln, seelischer Ballast, der oft genug in Sorgen und Stress mündet. Eine erste Hilfe folgt hier.

## Anleitung

Mach es dir auf deinem Platz bequem und schließ die Augen. Atme ein Mal langsam aus.

Stell dir vor, dass du dir Hände und Gesicht wäschst und dabei auch alle deine Sorgen entfernst. Stell dir vor, dass du all das abwäschst, was an Negativem und Bitterem in deinem Geist gespeichert ist. Stell dir vor, dass die Erinnerungen daran mit dem Wasser fortgespült werden. Nutze diese Möglichkeit, um Kummer und Schmerzen des Lebens von dir abzuwaschen. Du weißt selbst am besten, wie oft du dich verletzt hast. Stell dir nun vor, wie diese Verletzungen und die Erinnerungen an sie von dir genommen werden. Und gleichzeitig mit ihnen Gedanken und Gefühle, die deine Lebenskraft einschränken: Angst, das Gefühl der Wertlosigkeit, Rachegedanken, Pessimismus und Angst vor neuen Verletzungen;

Darüber hinaus gibt dir diese Selbstreinigung die Chance, einen neuen Anfang zu riskieren. Wenn du dir die Zähne putzt, dann kannst du damit die Absicht verbinden, auf unbedachte, aggressive Worte zu verzichten…

Wenn du deine Ohren wäschst, dann kannst du dir vorstellen, dass du vor allem die positiven Dinge auffasst. Aggressive, verletzende Bemerkungen oder überflüssiges Geschwätz kannst du überhören, ohne dich aufzuregen…

Auch deine Augen können von dieser gründlichen Waschung profitieren. Sie werden nicht nur erfrischt, sondern sie sehen auch klarer und präziser. Vor allem sehen sie die vielen Möglichkeiten, die sich dir anbieten und die du sonst leichter übersiehst…

Wenn du dich auf diese Weise erfrischt hast, dann wird es dir leichter fallen, die Dinge zu bekommen, die du dir wünschst: Liebe… Anerkennung… Beachtung… Anregung… Freude…

Diese positive Entwicklung kann ganz natürlich stattfinden, wenn du dich vom Wasser inspirieren lässt, das ständig bestrebt ist, Schädliches und Überflüssiges in etwas umzuwandeln, das das Leben fördert.

Und wenn du bereit bist, dann komm mit deiner Aufmerksamkeit hierher zurück, atme ein Mal langsam aus und öffne in deinem eigenen Rhythmus die Augen. Sei wieder hier, erfrischt und wach.

# Unsichtbare Fesseln

Ungeklärte Probleme, Enttäuschungen, Verletzungen, verratene Liebe, Betrug, Vernachlässigung, solche seelischen Verwundungen binden uns an andere Menschen. Oft beschäftigen wir uns in der Phantasie mit ihnen und verlieren auf diese Weise wichtige emotionale Energie. Vor allem leidet unsere Kreativität darunter und unser zentraler geistiger Motor, die Neugier.

## Anleitung

Mach es dir auf deinem Platz bequem und schließ die Augen. Atme ein Mal langsam aus.

Stell dir vor, dass du an einem einsamen Strand spazierengehst. Es ist die Zeit des Sonnenuntergangs, die Luft ist frisch und belebend.

Du bist ganz allein und voller Erwartungen. Der Ozean hat bisher immer eine Überraschung für dich bereitgehalten. Zu deinem Glück schätzt du solche improvisierten Situationen. Du spürst dann, wie das Leben in dir und um dich herum pulsiert.

Und nun erlebst du, dass deine Erwartung in Erfüllung geht. Vor dir entdeckst du eine Person, die auf dich zukommt.

Euer Abstand wird kleiner und du erkennst, wem du begegnen wirst. Es ist jemand, mit dem du noch nicht ganz im Reinen bist. Zwischen euch ist noch nicht alles gesagt, was mitgeteilt werden müsste.

Nun steht die Person unmittelbar vor dir. Du schaust ihr in die Augen und ihr gebt einander die Hand. In diesem Augenblick sagst du jenem Menschen etwas, was für dich ungewöhnlich ist: Ich wünsche dir Freude und Glück…

Du schaust der Person in die Augen und spürst ihre Gefühle und Wünsche. Auch sie wünscht sich Freude und möchte Kummer und Leid vermeiden. Und gleichzeitig erlebst du Mitgefühl und Respekt für diesen Menschen und du wünschst ihm Segen auf seiner Lebensreise…

Vielleicht möchtest du die Person jetzt in die Arme schließen oder sie auf eine andere Weise freundlich berühren. In diesem Augenblick erlebst du vor allem das, was euch beide verbindet, trotz aller Differenzen. Das macht es dir möglich, alle Erwartungen an ein bestimmtes Verhalten dieses Menschen loszulassen. Es gelingt dir, dem anderen Glück auf seinem weiteren Lebensweg zu wünschen.

Ihr seht beide davon ab, einen Konflikt oder Differenzen zwischen euch klären zu wollen. Jeder von euch setzt seinen Weg am Strand allein fort und du spürst Erleichterung darüber, dass du keine Vorwürfe gemacht und keine Änderung verlangt hast. Damit ist eine unsichtbare Fessel durchtrennt, die dich an diesen Menschen band, und du fühlst dich befreit.

Nun spürst du ganz deutlich die Wärme der untergehenden Sonne. Du hörst die vielen Nuancen im Brausen der Wellen und dem Gesang der Seevögel über dir. Alles wirkt auf dich friedlich und lebendig…

Du hast so viel Energie, um weiter und weiter zu gehen.

Und wenn du bereit bist, dann kannst du jetzt ein Mal tief ausatmen und in deinem eigenen Rhythmus die Augen öffnen. Sei wieder hier, erfrischt und wach.

## Was will ich?

Es gibt drei Wünsche, die uns allen gemeinsam sind. Wir möchten nicht leiden, wir möchten Freude erleben und wir möchten gut mit anderen auskommen. Und wenn wir aufmerksam genug und locker sind, können wir dazu beitragen, dass aus diesen Wünschen Wirklichkeit wird.

**Anleitung**

Mach es dir auf deinem Platz bequem und schließ die Augen. Atme ein Mal langsam aus.

Niemand kann sich auf Knopfdruck entspannen. Wir können allerdings die Voraussetzung dafür verbessern, unseren Stress zu reduzieren, und manchmal brauchen wir dafür vor allem etwas Geduld. Wir lassen einfach zu, dass eine positive Entwicklung stattfindet, zum rechten Zeitpunkt und auf die rechte Weise. Und so können wir es auch mit unserem Körper halten. Wir geben ihm die Erlaubnis, locker zu werden und in eine leichte Trance zu gehen, während unser Bewusstsein sich schon vorher verabschiedet hat. Und wir müssen nicht einmal wissen, wie angenehm es sein kann, wenn wir unser Bewusstsein zur Ruhe kommen lassen.

Jedes Kind kennt das Spiel der hüpfenden Steine. Wir schleudern einen flachen Stein über die glatte Oberfläche eines Teichs. Dann hüpft der Stein, ein Mal… zwei Mal… drei Mal… und öfter… und jedes Mal werden die Intervalle kürzer und die Sprünge schneller und schließlich sinkt der Stein hinab auf den Grund…

Das Wasser kräuselt sich zu kleinen Wellen, die in Ringen an die Ufer laufen, aber der Stein ist erschöpft. Er lässt sich einfach unter die Oberfläche fallen und gleitet langsam nach unten. Sanft und still zu den Wasserpflanzen und Fischen, bis er endlich auf dem Boden des stillen Teichs Ruhe findet.

Und auch die kleinen Wellen an der Oberfläche beruhigen sich, je weiter sie ihre Kreise ziehen, und schließlich ist die gesamte Oberfläche des Teichs wieder ruhig und still wie ein Spiegel.

Du kannst diese Gelegenheit nutzen, um über den Prozess der Entspannung nachzudenken, und erkennen, dass du genauso in der Lage bist, zur Ruhe zu kommen. Du kannst Anspannung und Angst loslassen und anfangen, die Dinge auf ganz andere Weise zu betrachten. Manchmal zeigt sich, dass wir auf den zweiten Blick etwas völlig anderes sehen. Das hilft uns, alte Überzeugungen aufzugeben, neue Möglichkeiten zu erkennen und neue Methoden auszuprobieren. Eine wichtige Überzeugung gilt den Schwierigkeiten und Unglücksfällen des Lebens. Mancher glaubt, dass der Mensch zum Leiden geboren ist. Richtig ist, dass wir oft Schmerz empfinden, aber wir können aus unserem Leid etwas anderes machen.

Es gibt eine Zen-Geschichte von einem jungen Krieger, der auf rätselhafte Weise einen Pfeil in die Schulter bekommt, während er am Abend im Wald auf der Jagd ist. Die Wunde schmerzt und vergeblich schaut sich der unerfahrene Krieger nach Hilfe um. Schließlich findet er eine kühle Quelle und reinigt seine Schulter vom Blut. Dann fasst er sich ein Herz und entfernt mit großer Entschlossenheit den Pfeil aus der Schulter. Doch dann fügt er dem physischen Schmerz seelischen Kummer hinzu, indem er sich nämlich Vorwürfe macht und sich verflucht, weil er so spät am Tag ganz allein auf die Jagd gegangen ist. Er beklagt sein Unglück und sagt sich, dass er nie ein erstklassiger Jäger werden wird. Auf diese Weise zieht er sich selbst eine zweite Verletzung zu und diesmal trifft er das eigene Herz.

Uns geht es wie dem jungen Krieger – manchmal schaden wir uns selbst, aber wir können es vermeiden, uns auch noch Vorwürfe zu machen. Wir haben die Fähigkeit, Schmerzen zu ertragen und gleichzeitig froh darüber zu sein, dass ein Unglück keine schlimmen Folgen hat. Alles, was uns nicht umbringt, macht uns stärker.

Und wenn du bereit bist, dann kannst du jetzt ein Mal tief ausatmen und in deinem eigenen Rhythmus die Augen öffnen. Sei wieder hier, erfrischt und wach.

# Mit dem Strom schwimmen

Je eher wir die Illusion aufgeben, alles perfekt kontrollieren zu können, desto besser. Es gibt immer wieder Situationen, bei denen wir am besten mit dem Strom schwimmen und die Angebote des Schicksals akzeptieren. Dann sind wir auch am besten in der Lage, die Richtung der Ereignisse zu beeinflussen. Anspannung und Stress entsteht häufig, wenn wir versuchen, Dinge zu beeinflussen, die jenseits unserer Kontrolle sind. Wir haben es leichter, wenn wir die Vergänglichkeit aller Dinge betrachten. Glück und Unglück sind nicht permanent, sie vergehen. Diese Einsicht bewahrt uns vor unrealistischen Hoffnungen wie vor neurotischem Kummer. In der Mitte finden wir Ruhe.

### Anleitung

Mach es dir auf deinem Platz bequem und schließ die Augen. Atme ein Mal langsam aus.

Stell dir vor, dass du an einem hübschen, kleinen Fluss spazierengehst. Über dir bilden die Bäume ein dichtes Blätterdach. Auf dem Wasser tanzt das Spiegelbild der Blätter. Das Wasser gurgelt und blubbert sanft über Steine und Wurzeln am Ufer. In den Zweigen singen die Vögel und eine sanfte Brise streichelt dein Gesicht, während du auf das Wasser schaust. Du spürst die hypnotische Kraft des Wassers, das dich in seinen Bann zieht. Und während du auf das Wasser blickst, bemerkst du ein einzelnes Blatt, das vorbeitreibt. Stammt es von einer Weide, von einer Erle? Was für eine Art Blatt ist es?... Und automatisch stellst du dir die Frage: Wie wäre es, wenn du als dieses Blatt auf dem Wasser treiben würdest, manchmal sanft und gemächlich, zu anderen Zeiten wild und wirbelnd?...

Erlaube dir jetzt in der Phantasie für eine Weile dieses Blatt zu sein, das auf dem Wasser treibt und sich dreht...

Du verstehst viel, wenn du ein Blatt bist, du weißt, wie du dich drehen und wenden musst. Du kannst einen Wasserfall schon von Weitem hören. Du kannst Stromschnellen vorausahnen, du kannst dich in den Wasserfall hinabstürzen und wieder auftauchen. Und aus alldem kannst du so vieles lernen: Nach jeder Turbulenz kommt ein Abschnitt der Ruhe, eine Zeit des sanften Dahintreibens. Und so ist es auch in deinem Leben. Lass diesen Gedanken in dich einsinken, das erspart dir Anspannung, Angst und überflüssigen Protest. Dein Unbewusstes weiß, worauf es in Zeiten des Chaos ankommt und auch, was du in Zeiten der Stabilität tun kannst.

Du kannst immer wieder ans Wasser gehen und es beobachten. Das Wasser ist ein guter Lehrmeister und all die Menschen, die am Wasser leben, haben immer die Chance genutzt, Neues zu lernen und die Welt zu erkunden. Diese Möglichkeit kannst auch du ergreifen.

Und wenn du bereit bist, dann sag dem Fluss und dem kleinen Blatt Adieu und komm mit deiner Aufmerksamkeit hierher zurück. Atme ein Mal langsam aus und öffne in deinem eigenen Rhythmus die Augen. Sei wieder hier, erfrischt und wach.

# Der Tempel

Manchmal stellen wir fest, dass eine Reise nicht nur erholsam ist, sondern weitaus mehr als das: Wir kehren verändert zurück, mit Einsichten und Beschlüssen, die unserem Leben einen neuen Impuls geben, manchmal sogar eine ganz neue Richtung.

**Anleitung**

Mach es dir auf deinem Platz bequem und schließ die Augen. Atme ein Mal langsam aus.

Stell dir vor, dass du Urlaub auf einem Boot machst, in warmen Gewässern, in einem freundlichen Klima. Bemerke die Größe des Bootes, die Bauart und sein Alter.

Du hast das Gefühl, mit dem Boot auf dem Wasser zu schweben, sodass du dich immer besser entspannen kannst. Alles, was anstrengend und belastend ist, kannst du weit hinter dir zurücklassen. Während du auf die Geräusche des Wassers achtest, fühlst du dich ein wenig wie die mutigen Männer, die vor fünfhundert Jahren in Mittelamerika landeten. Du empfindest Neugier, Abenteuerlust und Offenheit für alle möglichen Überraschungen. Wie sie suchst du einen Schatz.

Am Horizont taucht jetzt eine Insel auf, von der du spürst, dass sie dich magnetisch anzieht…

Als du dich ihr näherst erkennst du, dass Büsche und Bäume darauf wachsen, mit leuchtenden Blüten, deren süßer Duft zu dir herüberweht.

Dann läuft dein Boot auf den Strand und du steigst aus. Du bist von den intensiven Farben der Pflanzen und von der Größe der Blüten fasziniert. Du atmest ihr betörendes Aroma ein und bewunderst ihre Schönheit. Die Insel erscheint dir wie ein Paradiesgarten, friedlich, einladend und verlockend…

Du spürst das überwältigende Bedürfnis, dem kleinen Weg zu folgen, der in das Innere der Insel führt. Du genießt die Einsamkeit, doch gleichzeitig ahnst du, dass du nicht ganz allein in diesem Paradies bist.

Auf einer Lichtung entdeckst du einen stillen Tempel, der dich einlädt. Du betrittst das Heiligtum und spürst die besondere Atmosphäre… Frieden, Ruhe, Andacht… Du hast das Gefühl, dass du hier willkommen bist.

Ohne nachzudenken setzt du dich auf den Boden und wartest. Du spürst deine Bereitschaft, von einem Tempeldiener wie ein kleines Kind an die Hand genommen zu werden.

Dann kommt ein Mönch aus dem Innern des Tempels auf dich zu. Du kannst nicht erkennen, ob es ein Mann oder eine Frau ist. Dir fällt die Ruhe und die Sanftheit auf, mit der sich diese Person bewegt.

Allmählich erkennst du die Gesichtszüge dieser Person… Vielleicht ist das jemand, von dem du gehört hast oder den du früher kanntest… Vielleicht ist es ein neuer Freund…

Du hast das Gefühl, dass dir diese Person sehr vertraut ist. Du fühlst dich sicher und beschützt in ihrer Nähe.

Dein neuer Freund fragt dich, ob du bereit bist, eine wichtige Botschaft anzunehmen, vielleicht ist es die Antwort auf eine Frage von dir, vielleicht etwas, was du vergessen hast. Wenn du dazu bereit bist, dann nickst du einfach mit dem Kopf.

Nun bekommst du einen gefalteten Zettel. Du öffnest das Papier und schaust auf die Botschaft.… Vielleicht ist sie in deiner Sprache abgefasst, vielleicht in einer fremden. Möglich ist auch, dass du eine Bilderschrift siehst. Die Botschaft wird dich begleiten und du wirst sie verstehen… (1 Min.)

Nun ist es Zeit für den Abschied. Bedanke dich für alles, was du hier bekommen hast und geh den Pfad zu deinem Boot zurück. Du fühlst dich ausgeglichen und beschenkt.

Und wenn du bereit bist, dann komm mit deiner Aufmerksamkeit hierher zurück. Atme ein Mal langsam aus und öffne in deinem eigenen Tempo die Augen. Sei wieder hier, erfrischt und wach.

# Insel der Regeneration

Diese Insel möchten viele von uns besuchen, um unsere verbrauchten Kräfte wiederherzustellen, um Verletzungen zu heilen und den Hunger nach Leben zu stillen. Hier können wir Schutzengeln und Heilern begegnen, die in der Lage sind, den Prozess der Genesung anzustoßen.

## Anleitung

Mach es dir auf deinem Platz bequem und schließ die Augen. Atme ein Mal langsam aus.

Stell dir vor, dass du am Strand des Meeres stehst und darauf wartest, dass ein Boot ankommt, um dich abzuholen. Das Boot wird dich zu einer ganz besonderen Insel bringen: zur Insel der Regeneration. Dort findest du Heilung bei körperlichen Beschwerden oder kannst verbrauchte Energie erneuern. Ehe du deine Reise antrittst, musst du bereit sein, für deinen Körper zu sorgen wie für einen guten Freund. Es ist nicht notwendig, dass du im Einzelnen verstehst, wie Heilung vonstatten geht. Aber wenn du das Gefühl hast, dass du wichtiges Wissen über Heilung angesammelt hast, dann soll es dich begleiten. Vor allem musst du willens sein, mit den heilenden Mächten zusammenzuarbeiten und für ihre Vorschläge offen sein.

Sende nun deine Botschaft über das Meer, dass du bereit bist. Und schon siehst du, dass ein Boot am Horizont erscheint und auf dich zukommt. Zwei Gestalten winken dir zu. Sie begrüßen dich, nennen dich beim Namen und reichen dir die Hände. Du steigst in das Boot und suchst dir einen guten Platz. Die Fahrt geht schneller, als du gedacht hast und deine beiden Begleiter helfen dir, an Land zu steigen. Du schaust dich um und staunst über die Schönheit der Insel. Von den Bergen strömt das Wasser in Bächen und Wasserfällen herab. In der Atmosphäre ist die Energie des bewegten Wassers spürbar.

Du bemerkst, dass du schon in eine leichte Trance eingetaucht bist. So findest du es ganz natürlich, dass du dich plötzlich in den Bergen der Insel befindest, in einer Region, die auch in Tibet, Nepal oder Indien liegen könnte. Du blickst auf einen großen, steinernen

Tempel mit breiten Stufen, die zum Eingang führen. Langsam steigst du die Stufen nach oben und betrittst den alten Tempel. Hier kannst du Mönche sehen, in Orange und Rot gekleidet, die hier leben, um zu singen und zu beten.

Die Mönche singen Lieder, die in ihrem Orden vor vielen Tausend Jahren entwickelt wurden. Gesänge, die zugleich Gebete sind. Schon immer war es die Aufgabe dieser Tempellieder, unmittelbaren Kontakt zu den höheren Mächten herzustellen. Der Gesang der Mönche steigt auf, über die Tempelmauern hinaus. Und ihr Gott zeigt sich ihnen durch ihren Gesang, der mächtig tönt, wunderschön für jeden, der ihn hört – auch für dich.

Während du aufmerksam zuhörst, kannst du etwas von dem erleben, was die Mönche erleben. Erlaube dir, dich dieser Musik hinzugeben und dich von ihr heilen zu lassen. Öffne dich diesem Erlebnis und lass die Schwingungen der Lieder in jede Zelle deines Körpers, in alle Organe, in Nerven, Herz und Gehirn eindringen. Überlass es den Klängen der Tempellieder, deinem Leben eine neue Frequenz zu geben, damit dein Organismus, dein Geist und deine Seele harmonisch zusammenwirken können. Auf diese Weise können die Prozesse der Heilung in deinem Körper in Gang kommen, mühelos und fast ohne, dass du es bemerkst.

Ich werde jetzt schweigen, damit du dich ganz auf die Tempellieder konzentrieren kannst. Du verstehst jetzt, was die Gesänge sagen. Du gehst zurück zum Ausgang des Tempels und bleibst oben auf den Stufen stehen…

Himmel und Mond warten auf dich. Dein Geist, der sonst unablässig denkt, diskutiert, kalkuliert und urteilt, schweigt jetzt. Du atmest. Du spürst den Wind. Die Bäume winken dir zu. Dein Körper bebt leise. Und indem du in die Natur blickst, kannst du dich selbst sehen. Du fühlst dich frei. Frei von Erwartungen, frei von Sehnsucht. Alles ist mühelos… (1 Min.)

Nun wird es Zeit, dass du mit deiner Aufmerksamkeit hierher zurückkehrst. Wenn du willst, kannst du den gleichen Weg nehmen, den du gekommen bist, und die Insel mit dem Boot verlassen. Oder du kehrst direkt vom Tempel hierher zurück. Und wenn du bereit bist, dann öffne jetzt in deinem eigenen Rhythmus die Augen. Sei wieder hier, erfrischt und wach.

## Kontemplation

Kontemplation ist kein Vorrecht von Philosophen, Theologen oder Künstlern. Jeder von uns kann davon profitieren, wenn er eine Haltung einnimmt, in der Offenheit und Respekt für ein klares Bewusstsein sorgen. Dabei kann sich unsere Aufmerksamkeit in alle Richtungen wenden:

- auf unsere Beziehung zur Natur,
- auf die Interaktion zwischen Körper und Geist,
- auf unseren Atem und unsere Gedanken,
- auf das Wechselspiel von Lernen und Zuhören.

**Anleitung**

Mach es dir auf deinem Platz bequem und schließ die Augen. Atme ein Mal langsam aus.

Stell dir vor bitte vor, dass du irgendein Fenster öffnest. Du hörst, wie der Wind durch die Bäume geht und die Blätter rascheln lässt. Irgendwo horst du auch ein Windspiel.

Noch singen die Vögel, während sich am Himmel Gewitterwolken auftürmen. Der Wind wird stärker. Tief atmest du die frische Luft ein, die so oft einem Sommergewitter vorausgeht.

Wenn du willst, kannst du das Fenster ganz weit öffnen und die Luft tief einatmen, die jetzt neue Aromen enthält… Erdgeruch, Blütenduft und das Aroma modernder Blätter… Du erwartest das nahende Gewitter…

Der Wind kühlt dein Gesicht und draußen wirbelt er die Blätter in die Höhe. Die ersten Tropfen fallen. Du hörst ihren Aufprall auf Dächern und Fensterscheiben…

Vielleicht möchtest du deine Hand ausstrecken, um die Regentropfen zu spüren. Die Luft duftet jetzt nach Wasser. Und wo der Regen auf die warmen Dächer und Mauern fällt, steigt Dampf auf…

Der Regen wird stärker und du ziehst dich in dein Zimmer zurück. Nun hörst du den ersten Donner und wartest, dass sich die ersten Blitze zeigen. Du genießt deinen trockenen Platz im schützenden Haus und die wilde Energie des Sommergewitters…

Nun wird der Regen schwächer, der Himmel wird heller und die ersten Vögel verlassen wieder ihre geschützten Plätze.

Der Wind hat sich gelegt und es strömt eine kühle Brise durch das Fenster herein. Du atmest diese Luft tief ein und spürst, dass du dich frischer und leichter fühlst. Die Sonne zeigt sich wieder und trocknet Büsche und Bäume. Die Blüten entfalten sich von Neuem und machen mit ihrem Duft auf sich aufmerksam. Die Zeit nach dem Gewitter kannst du auf besondere Weise genießen. Du bist dankbar dafür, dass du in deinem Zimmer geschützt warst und trotzdem erleben konntest, wie der Regen das Land erfrischte.

Deine Aufmerksamkeit wandert zu deinem Atem. Dir fällt ein, dass dein Atem dich mit dem Leben verbindet. Ohne deinen Atem könntest du nicht existieren. Ganz von selbst wendest du dich deinem Körper zu. Du gestattest ihm, entspannt und offen zu sein. Dein Atem soll überallhin gelangen, auch in weit entfernte Winkel und Ecken. Und du spürst, dass dein Organismus sich über so viel Aufmerksamkeit freut.

Jetzt hast du Lust, weiter über deine Existenz nachzudenken. Dir wird klar, dass du Anspannung und Entspannung deines Körpers kontrollieren kannst. Es kommt nur darauf an, dass du dich um deine Entspannung kümmerst und deinem Körper zeigst, wie er locker und offen werden kann. Die Voraussetzung für all das ist einfach: Du musst die Anspannung deines Körpers nur bemerken. Und wenn das geschieht, dann ist es sinnlos, über deinen Stress zu klagen. Du gewinnst mehr, wenn du deiner Anspannung dankst, weil sie dich aus deiner alltäglichen Trance aufweckt und dich darum bittet, zu deiner Entspannung beizutragen.

Das ist so einfach: Wenn du Signale von Anspannung erhältst und die Verkrampfung deiner Muskeln spürst, dann kannst du ihnen die Erlaubnis geben loszulassen. Stell dir vor, dass deine Anspannung beim Ausatmen aus dir hinausfließt und Platz macht für neue, frische Luft. Und wenn du ganz offen bist, kannst du sogar spüren, dass die Luft tief in deinen Bauch hineinströmt und von dort sanft deinen ganzen Körper füllt. Du musst dich dabei noch nicht einmal anstrengen. Du musst nur zulassen, dass dein Körper sich öffnet und weit aufmacht, damit die Luft hereinströmen kann.

Entspannung und Atem sind die Grundlage deiner Stärke und Lebenskraft. Und das Geheimnis deiner persönlichen Energie ist die Bereitschaft, präsent zu sein, aufmerksam und zentriert.

Und wenn du bereit bist, kannst du nun ein Mal langsam ausatmen und mit deiner Aufmerksamkeit hierher zurückkehren. Öffne in deinem eigenen Rhythmus die Augen und sei wieder hier, erfrischt und wach.

## Resilienz

Positive Gefühle können Stressreaktionen abklingen lassen und das Bewusstsein optimistischer Kompetenz und innerer Stärke in uns wachrufen. Oft erschrecken wir bei dem Gedanken, wie viel zu erledigen ist und wir fragen uns, wie wir das alles schaffen sollen. Doch an diesem Punkt können wir, statt in Panik zu geraten, eine kurze Pause einlegen: Ich erkenne die Gefahr und starte mein Programm der Entspannung. Aufregung hilft mir nicht. Lieber trainiere ich mein Gehirn, auf positive Gedanken umzuschalten.

Unser Gehirn kann lernen, sehr schnell von Angst auf Zuversicht umzuschalten. Es kann neue Nervenbahnen anlegen und mithilfe positiver Gefühle einen emotionalen Kurzschluss vermeiden.

### Anleitung

Mach es dir auf deinem Platz bequem und schließ die Augen. Atme ein Mal langsam aus.

Mit der Zeit kannst du lernen, negative Gefühle in Schach zu halten, und sogar Freude daran haben, die eigene Aufregung zu zähmen. Dabei kannst du viele neue Dinge lernen und ausprobieren.

Wenn du dir das wünschst, dann höre einfach meiner Stimme zu und lass ein Gefühl des Friedens und der Ruhe in dir entstehen… mit jedem Atemzug… mit jedem Schlag deines Herzens…

Ich werde gleich von zehn bis eins zählen. Dabei kannst du loslassen und dich immer tiefer entspannen. Mit jeder Zahl kannst du Stress und Anspannung loslassen… und tiefer gehen…

10… Beginne damit, alle Muskeln deines Körpers zu entspannen… loszulassen… ruhig zu werden… Fühle dich einfach sicher und behaglich…

9… Nun kannst du Körper und Geist gemeinsam entspannen. Du brauchst dir keine Gedanken zu machen, wie schnell es dir gelingt, loszulassen…

8… Vielleicht spürst du jetzt deutlicher den Zusammenhang zwischen deinem Geist und deinem Körper… eine Art innerer Weisheit…

7… Geh nun noch tiefer und atme langsam aus… Deine Sorgen aus… Deine Ängste… Unsicherheiten… Panikgefühle…

6… Lass alles Unangenehme beim Ausatmen aus deinem Körper hinausfließen… Angst… Ärger… Stress… Atme Ruhe und Sicherheit ein…

5… Und nun sollst du beim Ausatmen etwas Neues machen… Sprich unhörbar ein Wort, ohne den Mund oder die Zunge zu bewegen und ohne deinen Atem zu verändern. Dieses Wort sollst du im Innern zu dir selbst sagen… beim Ausatmen… und dieses Wort heißt: still… still…

4… Du brauchst nicht darüber nachzudenken, was das Wort bedeutet, versuche keine Analyse… keine Interpretation… Lass einfach den Klang nach innen wandern… denn das Wort kommt von deiner inneren Weisheit… still…

3… Jetzt spürst du Ruhe… Frieden… Lass einfach los… Und wenn das Wort verschwindet, dann bemerke das und hole es zurück. Wiederhole es:… still…

2… Entspanne dich einfach weiter… und lass los… tauche ein… in Frieden und Harmonie… in Freude und Glück…

1… Und nun kannst du dir vorstellen, dass du in einem wunderschönen Garten bist. Die Sonne scheint… deine Haut wird warm… du schaust auf eine Rasenfläche, die einen schönen Brunnen umgibt, mit einer Fontäne, deren Wasser im Sonnenlicht glitzert. Ringsherum sorgen alte Bäume für Schatten und Schutz an diesem friedlichen Ort…

Das Gras ist weich wie ein Teppich, wenn du durch den Garten gehst und die Beete mit den schönen Blumen betrachtest… So viele Farben… so viele Düfte… und überall Bienen und Hummeln… Alles wirkt zusammen, ganz selbstverständlich und natürlich, eine Harmonie, die dich tiefer und tiefer beruhigt und entspannt…

Bald findest du eine schöne Stelle, wo du dich niederlassen kannst. Die Sonne scheint auf deine Arme und mit dem Rücken lehnst du dich an einen alten Baum. Hier haben schon viele Menschen vor dir ausgeruht und frische Kraft geschöpft. Auch wenn du allein bist, fühlst du dich hier behütet und sicher und das magische Wort «still» gibt dir Frieden und Hoffnung, während dein Bewusstsein wieder wandert und schläfrig wird…

In deinem Unbewussten bist du überzeugt, dass du auf einem guten Weg bist und darauf vertrauen kannst, dass höhere Mächte dir immer wieder die Hand reichen werden…

Vor allem kannst du auf deine Fähigkeit vertrauen, rechtzeitig auf Entspannung und Sicherheit umzuschalten. Benutze das Wort «still» als dein Mantra oder finde ein eigenes Signal für dich.

Und wenn du bereit bist, dann kannst du mit deiner Aufmerksamkeit hierher zurückkehren. Atme ein Mal langsam aus und öffne dann in deinem eigenen Rhythmus die Augen. Sei wieder hier, erfrischt und hoffnungsvoll.

# Blau beruhigt

Wir können die Kraft der Farben und die Intensität ihrer Schwingungen dazu benutzen, Stress und Aufregung ein Schnippchen zu schlagen und für einen klaren, ruhigen Geist zu sorgen.

**Anleitung**

Mach es dir auf deinem Platz bequem und schließ die Augen. Atme ein Mal langsam aus.

Stell dir vor, du stehst auf einer wunderschönen Wiese. Der Himmel über dir ist hellblau und wolkenlos. Das Gras der Wiese ist amazonasgrün und riecht süß und betörend. Die Bäume um dich herum schimmern in verschiedenen Grüntönen. Und in der Ferne kannst du ein Flüsschen plätschern hören, das seine Kräfte an den Steinen misst, die im Wasser verstreut sind. Das Geräusch zieht dich an und du wanderst hinüber und hältst deine Hand ins Wasser. Es ist angenehm kühl und es gibt dir das Gefühl von ruhiger Präsenz.

Auch hier geht ein leichter Wind. Er trägt die Bilder von geliebten Menschen zu dir und du spürst, wie sich dein Herz mit Gefühlen von Liebe und Frieden füllt. Du legst dich ins weiche Gras und atmest langsam. Du spürst, dass du hier im Schoß der Erde zur Ruhe kommst. Lass das Gefühl der Vertrautheit und Zugehörigkeit dich umgeben wie eine zarte Decke oder lass dich davon wie von einem weichen Teppich nach oben tragen in den endlosen, blauen Himmel. Spüre, wie du höher und höher emporgetragen wirst und genieße das endlose Blau des Himmels, das tiefer und tiefer wird… (1 Min.)

Du bist umgeben von hundert verschiedenen Blautönen, vom tiefsten kaiserlichen Blau bis zum hellsten Grönlandblau. Die verschiedenen Blautöne erzeugen ein Geflecht von Schwingungen, die deinen Körper und deinen Geist massieren und das Gefühl von Liebe, Freundschaft und Harmonie in dir verstärken.

Lass dich von Schweigen umgeben. Jetzt kann die Energie des Kosmos deine Reserven erneuern… (1 Min.)

Und nun ist es Zeit, zurückzukehren. Du hast dich mit kosmischer Energie vollgesogen und wenn du bereit bist, dann atme ein Mal langsam aus und öffne in deinem eigenen Rhythmus die Augen. Sei wieder hier, erfrischt und wach.

# Abschied vom Gestern

Wenn wir uns schwach fühlen, dann springt unser Warnsystem auf Daueralarm. Wir werden dünnhäutig und versuchen, uns zu schützen und zu verteidigen. Unsere Schwäche entsteht zu einem großen Teil durch den Blick zurück in unsere Vergangenheit. Wenn wir uns vor allem mit Verletzungen und eigenen Fehlern beschäftigen, dann entsteht leicht eine pessimistische Stimmung und unser Blick auf die Zukunft wird düster. Darum ist es günstiger, wenn wir die Gegenwart genießen, uns auf die Zukunft freuen und die Vergangenheit ruhen lassen.

**Anleitung**

Mach es dir auf deinem Platz bequem und schließ die Augen. Atme ein Mal langsam aus.

Stell dir vor, dass du eine tropische Insel besuchst. Hier gibt es einen besonderen Wasserfall, der Touristen aus aller Welt anzieht, weil er etwas verspricht, was sich viele wünschen. Sein Name ist «Wasser des Vergessens».

Du stehst neben dem Wasserbecken, in das sich der Wasserfall kraftvoll ergießt. Du legst deine Kleidung ab und steigst die bequemen Stufen hinab in das Wasser, das du angenehm warm und einladend findest. Die Wärme beginnt bei deinen Füßen und Waden und wandert dann langsam nach oben in deine Oberschenkel, den Bauch, Brust und Rücken, in Hände und Arme, in Nacken und Schultern. Wenn du Lust hast, kannst du auch ganz und gar in diesem besonderen Wasser untertauchen, in dem vor dir schon viele versucht haben, sich von traurigen Erinnerungen zu befreien.

Das Becken ist tief genug, um darin zu schwimmen und so schwimmst du dichter an den Wasserfall heran. Dort entdeckst du einen flachen Felsen, auf dem du gut stehen kannst. Du kletterst auf diese Plattform und stellst dich dann unter das herabströmende Wasser, das sogleich beginnt, deinen Körper zu massieren und zu reinigen von allen deinen Sorgen, Spannungen und Konflikten. Nach und nach entsteht ein Gefühl der Leichtigkeit in dir. Jeder Muskel, jede Nervenbahn, jede einzelne Zelle in deinem Körper genießen Frieden und Sicherheit.

Und nun bist du bereit, deinen Platz zu wechseln und auf eine kleine Wiese zu gehen, wo die Pilger dieser heiligen Stätte seit jeher rasten. Dieser Platz ist berühmt dafür, dass hier heilende Wachträume zu den Ruhenden kommen. Sicher trägt das Rauschen des Wassers dazu bei. Du bemerkst, wie du schläfrig wirst und dann in die innere Welt der Träume hinabgleitest.

Im Traum begegnet dir eine exotische Gestalt. Du kannst nicht genau erkennen, wie dieser Mensch aussieht, aber du hörst sehr deutlich seine Stimme, die sanft und freundlich zu dir spricht: «Nach deinem Bad im Wasser des Vergessens werden auch die Wolken der Illusion von deinem Himmel verschwinden und du wirst sehen, was du in deinem Leben bisher falsch verstanden hast. Du wirst erkennen, wie du selbst zu einigen negativen Ereignissen beigetragen hast, vielleicht durch fehlendes Wissen oder durch pures Pech.

Entscheidend ist, wie du weitermachst: Willst du weiterhin klagen über alles, was du in deinem Leben verfehlt hast oder kannst du das schätzen, was du aus bitteren Erfahrungen gelernt hast und daraus neue Stärken für deine Zukunft entwickeln?

Und wie das Wasser immer weiter fließt, so zeigt dir auch dein Denken wie ein Film ein Bild nach dem anderen. Und das, woran du oft denkst, das entwickelt Anziehungskraft... Was du hoffst oder was du fürchtest, wird auf diese Weise leicht zu einer Realität in deinem Leben.

Zum Glück hast du immer die Wahl. Du kannst mit den Geistern der Vergangenheit leben und das abhängige Kind bleiben, das nicht erwachsen werden will, oder du kannst vergeben und vergessen und eine neue Haltung im Leben einnehmen – selbstsicher, kreativ und verantwortlich.

Du kannst wählen. Bisher haben deine Lebenserfahrungen deinen Blick getrübt und dir Grenzen gesetzt, aber wenn der Himmel hell wird, dann kannst du alle deine Möglichkeiten sehen. Es sind sehr viele. Du wirst feststellen: Die Zukunft, die du suchst, ist bereits dabei, dich zu finden... Und jetzt weißt du, wie du sie finden kannst. Entspanne dich und geh nach innen, wo Stille herrscht. Dann wird dir vieles gelingen und du wirst dich selbst übertreffen...»

Und wenn du bereit bist, dann komm mit deiner Aufmerksamkeit hierher zurück, atme ein Mal langsam aus und öffne in deinem eigenen Rhythmus die Augen. Sei wieder hier, erfrischt und wach.

## Buch des Lebens

Wir sind immer in der Versuchung, uns als Opfer ungünstiger Umstände zu bedauern, aber wir können lernen, unser Leben in die eigene Hand zu nehmen, nach vorn zu schauen und unseren Träumen eine Gestalt zu geben.

### Anleitung

Mach es dir auf deinem Platz bequem und schließ die Augen. Atme ein Mal langsam aus.

Stell dir vor, dass du in Schottland bist. Dort im Norden sorgen auch heute noch Geister dafür, dass dem Unwissenden die Augen geöffnet und die Einsamen getröstet werden. Hier gibt es alte Burgen und Schlösser, in denen unerklärliche Dinge geschehen.

Stell dir vor, dass du auf einer steinernen Wendeltreppe stehst und Stufe um Stufe hinabsteigst. Neugierig gehst du tiefer und tiefer, Schritt für Schritt, bis du am Ende der Treppe ins Freie trittst und ein dunkles Wasser erkennst, auf dem ein kleines Boot schaukelt.

Du gehst an Bord, legst dich auf das Polster am Boden und spürst, wie das Boot in der Dunkelheit von der Strömung mitgenommen wird… Um dich herum ist Dunkelheit. Dir fällt das Wort «rabenschwarz» dazu ein… Das Boot schaukelt sanft, es lässt sich von den Wellen sanft heben und senken, sodass du wechselst zwischen Wachen und Träumen…

Dann nähert sich das Boot einer Öffnung, es treibt auf ein Licht zu und gelangt schließlich ins Freie.

Jetzt genießt du die Wärme der Sonne und den Duft von Blumen und frisch gemähtem Gras. Zufrieden und entspannt lässt du dich weitertreiben.

Endlich erreicht das Boot ein Ufer und läuft sanft auf Grund. Du schaust dich um und siehst gleich nebenan die dicken Mauern eines alten Schlosses. Du bist ganz allein und hast das Gefühl, dass du hier willkommen bist.

Jetzt ist der richtige Augenblick, durch das große Tor zu gehen und das Schloss zu erforschen. Im Innern des Schlosses erwartet dich ein Labyrinth von Gängen. Im Zentrum des Schlosses findest du einen großen Saal. Drei Stufen führen dort zu einem einfachen Altar aus Stein, auf dem ein aufgeschlagenes Buch, ein Federhalter und ein Tintenfass liegen. Im Buch, auf der linken Seite oben, liest du deinen Namen, in goldener Schrift geschrieben und mit verzierten Initialen. Auf der rechten Seite siehst du eine Prophezeiung für die nächsten fünf Jahre deines Lebens. Es gelingt dir überraschend gut, den Text zu lesen und du stellst fest, dass manches davon dir schon vorher durch den Sinn gegangen ist. Du hast nun eine Minute messbarer Zeit, um den Text zu studieren… (1 Min.)

Jetzt ist dir auch klar, wozu der altertümliche Federhalter und das Tintenfass da sind. Du hast das Recht, dieser Prophezeiung einen eigenen Satz hinzuzufügen und etwas zu notieren, was du dir wünschst und erhoffst. Du hast wiederum eine Minute messbarer Zeit, um deinen Wunsch aufzuschreiben… (1 Min.)

Nun ist es Zeit, dass du dem Schloss Adieu sagst, weil nach dir andere sich hier Inspiration und Zuversicht holen wollen. Du gehst durch das Labyrinth der Gänge und durch das Tor ins Freie und von dort kannst du direkt hierher zurückkehren. Wenn du bereit bist, dann atme ein Mal langsam aus und komme mit deiner Aufmerksamkeit hierher zurück. Öffne in deinem eigenen Rhythmus die Augen und sei wieder hier, erfrischt und wach.

## Signale von innen

Unser Körper gibt uns wichtige Signale. Er sagt, wann wir aufbrechen sollen, wann wir langsamer werden oder anhalten müssen. Oft übersehen wir diese Signale und setzen uns über die Weisheit unseres Körpers hinweg. Physische Empfindungen wie Müdigkeit, Hunger, Schmerz sind nur ein Aspekt, wie der Körper uns Hinweise übermittelt. Der Körper sendet auch Stimmungen und Gefühle wie z.B. Frustration, Angst, Trauer etc.

Unser Kopf will davon oft nichts wissen. Das ist häufig der Fall, wenn wir Stress haben. Wir suchen dann die Ursachen für unseren Stress außen und bemerken nicht, dass der Stress aus unseren automatischen Gewohnheiten und Einstellungen kommt.

Besser ist es, auf die Botschaften des Körpers zu hören und:

- eine Pause einzulegen,
- den Stress abklingen zu lassen,
- Einsicht in unsere Situation zu entwickeln, wenn wir uns beruhigt haben.

**Anleitung**

Mach es dir auf deinem Platz bequem und schließ die Augen. Atme ein Mal langsam aus.

Stell dir vor, dass du auf einer tropischen Insel bist. Die Sonne scheint hell und warm, die Wellen rauschen und der Sand massiert deine bloßen Füße und weckt deine Lebensgeister.

Du bist neugierig, was du im Innern der Insel entdecken wirst. Du findest einen schmalen Pfad, der dich durch tropischen Urwald führt. Wenn du die Blätter der Pflanzen berührst, dann staunst du, wie glatt und fest sie sich anfühlen. Auf dem dunklen Grün glänzen kleine Wassertröpfchen.

Von allen Seiten hörst du Vogelstimmen. Du kannst grüne und gelbe Tukane sehen, bunte Papageien und schillernde Kolibris.

In der Nähe hörst du Wasser rauschen. Nach ein paar Schritten stehst du an einem Bach, an dessen Ufer exotische Blumen wachsen... du siehst leuchtendes Gelb... Kobaltblau... Purpur... und viele Rottöne... Der Duft der Blüten versetzt dich in eine leichte Trance...

Du folgst dem Bach bis zu einem Wasserfall und von dort gelangst du zu einem großen Teich. Auf allen Seiten ist der Teich von smaragdfarbenem Moos eingerahmt, das dich zu einer Rast einlädt. Ab und zu siehst du Fische aus dem Wasser springen, Schmetterlinge und Libellen. Dieser Teich erscheint dir geheimnisvoll. Was ist in der Tiefe des Wassers verborgen?…

Du entdeckst eine Angel. Du gibst dir selbst die Erlaubnis, die Angel auszuprobieren. Du lässt den Haken in die Tiefe sinken und ziehst dann langsam und behutsam die Schnur ein. Irgendwann hängt etwas an der Angel. Langsam und ohne Hast ziehst du deinen Fund heraus und betrachtest ihn. Was hast du im Wasser gefunden? Untersuche die Gabe des Wassers gründlich… (1 Min.)

Du kannst entscheiden, ob du deinen Fund behalten möchtest oder ob du ihn dem Teich zurückgeben willst. Was hast du bekommen? Einen Wink des Schicksals? Eine Warnung? Eine Ermutigung? Diese Fragen nimmst du mit, wenn du den Teich wieder verlässt und deinen Rückweg beginnst…

Und wenn du bereit bist, dann atme ein Mal langsam aus und komm mit deiner Aufmerksamkeit hierher zurück. Öffne in deinem eigenen Rhythmus die Augen und sei wieder hier, erfrischt und wach.

Nimm nun ein Blatt Papier und mach eine Skizze von deinem Fund. Während du zeichnest, kannst du versuchen, das Signal des Teichs zu verstehen. (5 Min.)

## Wasserkur

Wasser ist nicht nur eine Metapher für seelische Prozesse, sondern für viele auch die beste Medizin der Welt. Dass es bei uns so leicht verfügbar ist, hat dazu geführt, dass wir die Bedeutung des Wassers vollkommen unterschätzen, zu unserem eigenen Nachteil.

### Anleitung

Mach es dir auf deinem Platz bequem und schließ die Augen. Atme ein Mal langsam aus.

Stell dir vor, dass du auf einer weiten Grasfläche stehst unter einem hellblauen Himmel. Der Frühling hat gerade begonnen. Die Luft riecht nach frischem Gras und Sonnenlicht. In der Ferne siehst du schneebedeckte Berge, die weit in den Himmel ragen. Du möchtest in die Höhe wandern.

Nach einer langen Wanderung gelangst du an einen Pass und auf der anderen Seite beginnt für dich eine neue Welt. Du überschreitest diese Grenze und betrittst einen Obstgarten mit Pflaumen und Aprikosen. Es ist warm wie im Sommer. Hier und da gibt es kleine Brunnen und steinerne Tische. Am Ende des Obstgartens kommst du zu einer langen Treppe, die zu einem hölzernen Tempel führt. Du steigst die Treppe empor und betrittst den Tempel. Du kannst niemanden entdecken, den du um Erlaubnis fragen könntest, hier zur rasten und zu beten.

Plötzlich hörst du einen Gong. Ein alter Mann in violetter Robe kommt auf dich zu und hält einen Kelch mit klarem Wasser in seiner Hand. Er gibt dir den Kelch und du trinkst daraus. Während du trinkst, enthüllt dir der alte Priester das Geheimnis des Tempels. Du erfährst, dass es in dieser Gegend eine alte Tradition gibt. Das Wasser wird nicht nur für die Kultivierung der Obstgärten genutzt, sondern es wird von der Bevölkerung als Geschenk der Götter verehrt. Wer seine Gesundheit verbessern möchte, wer Krankheiten vermeiden will, wer die Abnutzungserscheinungen des Alters bremsen möchte, der vertraut der Heilkraft des Wassers. Und für Kranke und Verletzte ist Wasser die beste Medizin.

Hier steht das Wasser reichlich und in guter Qualität zur Verfügung. Es hat keine Nebenwirkungen, es hilft dem Organismus,

Stress und Verletzungen zu heilen. Und dann bekommst du von dem Priester noch eine genaue Gebrauchsanweisung: «Wenn du lange und gut leben willst, dann sollst du jeden Tag mit einem Glas Wasser beginnen. Du darfst Wasser jederzeit trinken, wenn du Durst verspürst, auch während der Mahlzeiten.

Aber nicht immer spürst du den Mangel an Wasser, darum mach es dir zur Gewohnheit, eine halbe Stunde vor jeder Mahlzeit ein Glas Wasser zu trinken.

Und wenn du zwei Stunden nach dem Essen ein Glas Wasser trinkst, fügst du deiner Lebenszeit zwei Jahre hinzu…

Achte darauf, dass du nicht weniger als acht Gläser Wasser am Tag trinkst. Auf diese Weise folgst du einem Ritual, das die Bauern dieser Gegend seit Tausenden von Jahren praktizieren. Dabei werden sie sehr alt und führen ein glückliches Leben. Das Wasser hilft ihnen, Extreme zu vermeiden, Konflikte friedlich zu regeln und jeden Tag ihres Lebens zu genießen. Auf diese Weise erreichen sie, dass sie den Himmel schon auf Erden erleben. Was könnte man sich Besseres wünschen?»

Bei diesen Worten nimmt der alte Priester den Kelch wieder an sich und drückt dir zur Erinnerung an diese Begegnung ein kleines Abschiedsgeschenk in die Hand, eingehüllt in ein Stück Stoff. Du sollst dieses Geschenk jedoch erst öffnen, wenn du wieder zu Hause bist, wo immer das ist. In diesem Augenblick ist der Priester verschwunden und du bist allein in dem alten Tempel.

Jetzt ist es Zeit, dass du mit deiner Aufmerksamkeit hierher zurückkommst. Atme ein Mal langsam aus und öffne dann in deinem eigenen Rhythmus die Augen. Sei wieder hier, erfrischt und wach.

## Geliebt werden

Kinder möchten sicher sein, dass sie von den Eltern geliebt werden. Erwachsene wissen, dass Liebe und Zuneigung der anderen mit der Selbstliebe beginnt.

**Anleitung**

Mach es dir auf deinem Platz bequem und schließ die Augen. Atme ein Mal langsam aus.

Stell dir vor, dass du einem kleinen Kind zuschaust, das du selbst bist. Dieses Kind dürstet nach Liebe und Bestätigung. Es steht vor einem altmodischen Brunnen, lässt den Wassereimer am Seil hinab und zieht ihn dann wieder herauf. Traurig stellt es fest, dass der Eimer leer geblieben ist. Das Kind probiert es noch einmal. Aber wieder bleibt der Eimer leer.

Jetzt darfst du aktiv werden und dem Kind beistehen. Heb es hoch, damit es in den Brunnen hinabsehen kann. Der Brunnen ist trocken und staubig und enthält schon seit Jahren kein Wasser mehr.

Nimm das Kind nun auf den Arm und trage es zu einem Wasserlauf in der Nähe. Setz dich mit ihm ans Ufer, schöpfe mit der Hand Wasser aus dem Fluss und gib dem Kind zu trinken. Umarme das Kind und wiege es in deinen Armen. Streichle es und singe ihm ein Lied vor… Versprich dem Kind dann, dass du immer für es da sein wirst, damit es seinen Durst stillen kann. Gib dem Kind nun in deinem Herzen einen festen Platz. Du hast jetzt alles getan, was zu tun war.

Atme ein Mal langsam aus und komm mit deiner Aufmerksamkeit hierher zurück. Öffne in deinem eigenen Rhythmus die Augen und sei wieder hier, erfrischt und wach.

## Selbstachtung

In jeder Belastungssituation besteht die Gefahr, dass wir unüberlegt und defensiv reagieren und Dinge tun, die wir später bedauern. Wenn wir dagegen genügend Selbstvertrauen haben, können wir uns sagen: Stopp! Warte ab und überprüfe die gesamte Situation. Brich keinen Streit vom Zaun. Finde heraus, welches die beste Möglichkeit ist, das Problem zu lösen.

Unsere Selbstachtung ist den Schwankungen unseres Lebensrhythmus unterworfen. Darum ist es gut, wenn wir dieses kostbare Gut von Zeit zu Zeit revitalisieren.

### Anleitung

Mach es dir auf deinem Platz bequem und schließ die Augen. Atme ein Mal langsam aus.

Stell dir vor, dass du einen großen und schön geschliffenen Edelstein in der Hand hältst. Bemerke, dass die anderen Menschen, die in deiner Nähe sind, ebenfalls kostbare Edelsteine in der Hand haben. Nun beginnt ein Wettbewerb. Die anderen fangen an, deinen Edelstein zu kritisieren:

- Mein Edelstein ist viel schöner…
- Dein Edelstein hat hässliche Einschlüsse…
- Mein Edelstein ist viel seltener…

Stell dir vor, dass du auf diese Angriffe reagierst, indem du deinen Edelstein mit Erde und Staub bedeckst…

Sieh dich wieder um und stell fest, dass nun auch die anderen Edelsteine so schmutzig und schäbig aussehen wie deiner…

Betrachte deinen Edelstein mit voller Aufmerksamkeit und bemerke, dass du den Stein gar nicht mehr sehen kannst, dass er jetzt wie ein Klumpen Erde aussieht, genauso wie die Edelsteine der anderen. Du willst das auf der Stelle ändern. Geh an einen Brunnen oder an ein fließendes Gewässer. Halte deinen Stein ins Wasser und lass das frische, klare Wasser über ihn fließen. Stück für Stück löst sich die Kruste aus Staub und Erde und der wunderschöne Edelstein kommt zum Vorschein. Jetzt funkelt er wieder in deiner Hand und leuchtet in seiner ganzen Schönheit. Schau dich um und bemerke, dass alle anderen ebenfalls einen funkelnden Edelstein in der Hand tragen. Und nun kannst du dich an einem kleinen Wunder erfreuen: In diesem Moment verzichten alle darauf, Vergleiche anzustellen, die anderen zu kritisieren und sich selbst hervorzuheben. Du kannst eine friedliche und respektvolle Stimmung bei allen Beteiligten beobachten.

Und wenn du bereit bist, dann komm mit deiner Aufmerksamkeit hierher zurück. Atme ein Mal langsam aus und öffne dann in deinem eigenen Rhythmus die Augen. Sei wieder hier, erfrischt und wach.

# Die Pause

Wenn wir in eine schwierige Situation kommen, wenn es Spannungen zwischen uns und unserem Gegenüber gibt, haben wir oft das Bedürfnis, schnell zu reagieren. Dann verteidigen wir uns, greifen an, wechseln das Thema oder ziehen uns zurück.

Wir haben unter Stress das starke Bedürfnis, uns zu schützen und nicht verletzt zu werden. Wenn wir dann spontan handeln, fallen unsere Reaktionen übertrieben aus. Oft bereuen wir später, was wir gesagt oder getan haben. In diesem Fall ist es besser, dass wir die anderen Beteiligten um eine Pause bitten, um unsere Gedanken in Ruhe sortieren zu können. Damit wählen wir eine Strategie der Deeskalation und vermeiden die Verschärfung des Konflikts. Diese Haltung fällt niemandem leicht. Am besten lernen wir die Kunst der Pause durch Meditation.

## Anleitung

Mach es dir auf deinem Platz bequem und schließ die Augen. Atme ein Mal langsam aus.

Stell dir vor, dass du im Gebirge wanderst und an eine Stelle kommst, wo sich der Weg gabelt. Einen Wegweiser gibt es nicht. Was willst du tun? Vielleicht bist du weise und legst eine Pause ein, um in Ruhe die Situation zu analysieren. Du suchst nach Hinweisen, die dir sagen, welcher Weg zu deinem Ziel führt. Wenn du aber keinen Hinweis findest, dann musst du ruhig nachdenken. Wenn du weißt, dass dein Ziel in einem Tal liegt, dann spricht alles dafür, den Weg zu wählen, der nach unten führt. Wenn du aber einen Gipfel besteigen willst, dann ist es naheliegend, dass du dich für den bergauf führenden Weg entscheidest. In jedem Falle solltest du eine Pause einlegen und nicht spontan losgehen.

Denk nun an eine Alltagssituation, in der du eine gewisse Ratlosigkeit und ein Gefühl der Unsicherheit verspürst, also ebenfalls an einer Art Weggabelung stehst. Leider erkennen wir meist nicht, dass wir jetzt besser innehalten und uns eine Pause gönnen sollten. Wir reagieren sofort und stellen nach kurzer Zeit erstaunt fest, dass wir mit unserer schnellen Reaktion alles noch schlimmer gemacht haben.

Um nicht in eine Sackgasse zu laufen, müssen wir in Ruhe unseren Standort bestimmen. Ich will dich mit einer Methode aus der visionären Kabbalah bekannt machen. Hier wird die heilige Sprache der Bilder eingesetzt, um Selbstbeherrschung, Balance und Frieden zu schaffen.

Setz dich bequem hin und schließ die Augen. Atme ein Mal langsam aus. Entschließe dich zu lernen, wie du Aufregung, Zorn und hohen Blutdruck regulieren kannst.

Wenn in uns das Feuer des Ärgers brennt, wenn die Lava des Zorns und der Verachtung brodelt, dann brauchen wir Abkühlung. Dabei hilft uns die Eiswürfel-Übung. Sie kann unsere Gefühle auf ein normales Niveau herunterkühlen.

Stell dir vor, dass du ein Gefäß mit Eiswürfeln füllst. Kühle Kopf, Gesicht und Nacken mit dem Eiswasser und spüre, wie die Kälte durch jede Pore eindringt und dein heißes Blut kühlt. Sieh, wie die blaue Kälte in deinem Körper wandert, vom Gehirn in deinen Nacken, den Rücken hinab bis in deine Extremitäten, in Fingerspitzen und Zehen. Sieh und spüre das Strömen der blauen Kühle. Und wisse: Wenn die Kühle deine Fingerspitzen und Zehen erreicht hat, dann ist der innere Brand gelöscht und dein Blutdruck wieder normal. Wenn du jedoch noch Glutreste entdeckst, dann benutze das Eiswasser, um auch diese noch zu löschen… (1 Min.)

Und wenn du bereit bist, dann atme ein Mal langsam aus und komm mit deiner Aufmerksamkeit hierher zurück. Öffne in deinem eigenen Rhythmus die Augen und sei wieder hier, erfrischt und wach.

# Tempelschlaf

Der Tempelschlaf ist die Erfindung griechischer Priester und Heiler. Mit seiner Hilfe setzten sie die Ratsuchenden in eine tiefe, heilsame Trance. Diese Methode aktivierte das Unbewusste und die Selbstheilungskräfte des Organismus bei mentalen und körperlichen Schwierigkeiten.

## Anleitung

Heute will ich dich zu einem Experiment einladen, das schon vor Hunderten und Tausenden von Jahren den Menschen geholfen hat, schwerwiegende Erkrankungen und persönliche Krisen zu überleben.

Wie funktionierte diese Behandlungsmethode? Wer dringend Hilfe benötigte, ging an einen heiligen Ort, um dort eine Nacht lang zu schlafen. In dieser Nacht erwartete der Schläfer die Hilfe der Götter und anderer Geister.

Diese spirituellen Helfer hatten in der Stille der Nacht Gelegenheit, den Zustand des Hilfesuchenden zu klären und einen Weg zu finden, um seine Selbstheilungskräfte zu stärken.

Diese Helfer erschienen dem Schläfer in einem Ritual, das Inkubation genannt wird. Er erlebte sie im Traum. Dabei wurden seine Energien geweckt und seine Gedanken zurechtgerückt. Wenn der Schläfer am Morgen erwachte, war er ein neuer Mensch.

Dieses Ritual wurde über Hunderte von Jahren geübt, in einer Zeit, als es weder Psychotherapie noch Psychopharmaka gab. Auch heute können wir die Götter anrufen, damit sie uns auf den richtigen Weg bringen. Wir haben es heute sogar etwas leichter, weil wir einen Namen haben für die Überlebenskräfte in uns. Wir sprechen von unserem Unbewussten, von Widerstandskraft und posttraumatischem Wachstum.

Schließ nun deine Augen und atme ein Mal langsam aus…

Stell dir vor, dass du auf dem Festland stehst und auf eine kleine Insel schaust. Am Ufer wartet ein Fährmann, der Pilger hinüberbringt zu dem alten Tempel, in dem schon vielen geholfen wurde. Und wenn du bereit bist, dann bitte den Fährmann um seine Dienste.

Jetzt stell dir vor, dass du auf der Insel von Mönchen und Priestern begrüßt wirst. Du kannst ihre Gesichter nicht erkennen, weil sie unter ihren Kapuzen verborgen sind. Und auch, wenn sich dir ein Gesicht kurz zeigt, so wirst du es auf der Stelle wieder vergessen, denn in diesem Tempel geht es einzig und allein um deine Heilung.

Die Mönche führen dich einen langen Gang entlang nach unten in einen kreisrunden Raum, ins Zentrum des Tempels, in dessen Mitte ein flacher Tisch aus Stein auf dich wartet. Leg dich auf den Stein. In diesem Moment wirst du müde und gleitest in einen tiefen Schlaf…

Nun kannst du tief und sicher deinen Heilschlaf beginnen. Aber meine Stimme wird in der Lage sein, dich zu erreichen. In deinem Traum werden die höheren Mächte zu dir kommen als Helfer und Beistand. Sie haben gelernt zu tun, was getan werden muss, und sie wissen, wie sie deine Energien und Selbstheilungskräfte aktivieren können. Und vielleicht werden sie dich dort berühren, wo Heilung benötigt wird. Sie werden Worte sagen, die dir Hoffnung und Orientierung geben und sie werden heilende Töne singen, wenn Musik zu deiner Wiederherstellung beitragen kann. Deine Helfer werden dir einen tiefen Schlaf schenken, in dem dir ein besonderer Traum einen ganz neuen Impuls geben wird. Es spielt keine Rolle, ob du dich später an diesen Traum erinnern wirst oder nicht. Dieser Traum kann jetzt beginnen… (1 Min.)

Und wenn du bereit bist, kannst du aus der Tiefe deines Traumes heraufkommen in dein Tagesbewusstsein. Du kannst ein Mal langsam ausatmen und weiter und weiter nach oben kommen, bis du von selbst deine Augen öffnest und wieder hier bist, erfrischt und wach.

## Chronische Schmerzen

Chronische Schmerzen sind oft die Folge einer traumatischen Störung oder sie entstehen durch Schädigung wichtiger Organe oder Körperteile. Medikamente können Nebenwirkungen haben und zu Abhängigkeit führen. Außerdem haben viele Patienten eine instinktive Abneigung dagegen. Oft sind die Patienten erstaunt, dass sie ihren Schmerz auch ohne Medikamente stark reduzieren können. Selbsthypnose und Imagination unterstützen den Körper bei der Heilung.

### Anleitung

Mach es dir auf deinem Platz bequem und schließ die Augen. Atme ein Mal langsam aus.

Stell dir vor, dass du auf einem süß duftenden, weichen Rasen sitzt, unmittelbar neben einem idyllischen, tiefen Teich. Das Wasser schimmert in verschiedenen Schattierungen von Blau. Die Farben scheinen ein Geheimnis zu verbergen, dem du auf die Spur kommen möchtest. Warum ruft dich das Wasser? Welche Botschaft hat dieses wunderbare Blau?

Du ziehst deine Kleidung aus und gehst langsam in das Wasser. Die Temperatur ist nicht zu kühl und nicht zu warm. Sie passt zu dir. Du tauchst in das Wasser ein und schwimmst in dem Teich herum. Du spürst deutlich, wie das Wasser dich sanft einhüllt und trägt. Und mit jedem Schwimmzug wandert etwas von deinem Schmerz in das Wasser und fällt nach einiger Zeit auf den Grund des Teiches. Alles Enge, Bedrückende, Schmerzende fließt aus deinem Organismus hinaus und wird vom Wasser aufgesogen. Von Augenblick zu Augenblick kannst du dich tiefer entspannen und die entspannende Kraft des Wassers genießen… (1 Min.)

Verlass nun das Wasser. Wenn du am Ufer angekommen bist, such dir eine passende Stelle im Gras. Du beobachtest einige wunderschöne Libellen, die über dem Wasser tanzen. Die Leichtigkeit ihrer Bewegungen zaubert ein Lächeln auf dein Gesicht.

Nun wartet eine Überraschung auf dich. Ein dunkelblaues Seidentuch schwebt vom Himmel und fällt in deine geöffneten Hände.

Du faltest es und legst es auf eine Stelle deines Körpers, die etwas Aufmerksamkeit gebrauchen kann. Dieses Tuch verfügt über magische Eigenschaften. Es legt sich auf das Gefühl von Enge, Anspannung oder Schmerz und nach einer Weile saugt es alles Negative aus deinem Körper heraus.

Mach nun die Probe aufs Exempel und gestatte dem blauen Tuch, seine heilsame Wirkung zu entfalten… (1 Min.)

Nun fühlst du dich noch freier, noch entspannter, noch gesünder. Lass das Tuch zurück und komm langsam wieder hierher.

Und wenn du bereit bist, dann atme jetzt ein Mal langsam aus und öffne in deinem eigenen Rhythmus die Augen. Sei wieder hier, erfrischt und wach.

## Steinritual

Dies ist ein sehr schönes Ritual, mit dem wir die Gefühle in der Gruppe in eine lebensfreundliche Balance bringen können. Dabei sitzt die Gruppe im Kreis und die notwendigen Requisiten liegen bereit: ein größerer Stein mit abgerundeten Kanten, der gut in der Hand liegt, ein Gefäß mit Salzwasser und ein Tuch, um den Stein abzutrocknen.

### Anleitung

Bitte entspannt euch und beginnt, im selben Rhythmus zu atmen. Betrachtet das gemeinsame Atmen als Bestätigung dafür, dass die Mitglieder in dieser Gruppe eine Gemeinschaft bilden… (2 Min.)

Und nun atme in deinem eigenen, natürlichen Rhythmus weiter und konzentriere dich auf den Stein, den ich jetzt in die Mitte auf den Boden lege. Betrachte den Stein. Schenke ihm deine ganze Aufmerksamkeit. Konzentriere dich so stark auf den Stein, bis er im gleichen Rhythmus atmet, wie du selbst. Vielleicht beobachtest du nun, dass der Stein die Farbe, seine Größe oder seine Form wechselt…

Bitte identifiziere dich jetzt mit dem Stein. Sei dieser Stein. Empfinde diese besondere Festigkeit, die Stabilität, das Alter und die Schönheit dieses Minerals… (2 Min.)

Und nun sei wieder du selbst.

Gebt nun bitte den Stein im Kreis herum, von einer Person zur nächsten. Und jeder, der den Stein hält, kann physische Schmerzen und physisches Unwohlsein in den Stein hineingeben. Wenn der Stein ein Mal im Kreis herumgegeben wurde, werde ich ihn in das Gefäß mit Salzwasser legen, das alle Schmerzen davon abwaschen wird.

Nun ist der Stein wieder für uns bereit. In einer zweiten Runde kannst du emotionale Schmerzen und seelischen Kummer in den Stein hineinlegen, wenn du ihn in Händen hältst.

Jetzt ist der Stein ein zweites Mal im Kreis herumgewandert und ich werde ihn wieder ins Wasser legen und Kummer und Leid von ihm abwaschen.

Der Stein ist jetzt frisch und von Neuem bereit für das Ritual.

Diesmal soll jeder Vergnügen in den Stein hineinlegen, Freude und Dankbarkeit. Und dieses Mal soll der Stein nicht abgewaschen werden, sondern all die positiven Erinnerungen der Gruppenmitglieder sollen in ihm versammelt bleiben.

Nachdem der Stein unsere Freude aufgenommen hat, können wir in der kommenden Runde unsere guten Wünsche für unsere Lieben in den Stein legen. Und wer immer den Stein hält, kann im Stillen die Bitte formulieren: Ich wünsche mir und den Menschen, die ich liebe, Glück und Zufriedenheit.

Nun soll der Stein noch einmal herumgegeben werden und diesmal soll jeder Liebe und Frieden für die Erde und für alle, die auf ihr leben, in den Stein legen und der Stein wird alle diese positiven Gefühle in sich speichern.

Nach dieser letzten Runde werde ich den Stein wieder in die Mitte legen. Betrachte den Stein noch einmal aufmerksam und höre, was er dir zu sagen hat... (2 Min.)

Und nun kannst du dich von dem Stein lösen und zurückkehren in dein Alltagsbewusstsein. Ich werde den Stein mit dem Tuch bedecken.

Reck und streck dich ein wenig, atme ein Mal langsam aus und sei mit deiner ganzen Aufmerksamkeit wieder hier, erfrischt und wach.

# Heilende Imaginationen

iskopress

Klaus W. Vopel

**Gruppenrituale**

**Die Kunst, mit dem Herzen zu sehen**

120 Seiten, Paperback

ISBN 978-3-89403-097-1

Klaus W. Vopel

**Praxis der positiven Psychologie**

**Übungen, Experimente, Rituale**

208 Seiten, Paperback

ISBN 978-3-89403-079-7

Klaus W. Vopel

**Höher als die Berge**

**Phantasiereisen für Neugierige**

202 Seiten, Paperback

ISBN 978-3-89403-092-6

Klaus W. Vopel

**Die Weisheit des Körpers**

**Phantasiereisen und Meditationen**

224 Seiten, Paperback

ISBN 978-3-89403-138-1

# Das Leben spüren

Klaus W. Vopel
**Lust am Leben**
**Phantasiereisen für Optimisten**
214 Seiten, Paperback
ISBN 978-3-89403-096-4

Klaus W. Vopel
**Zwischen Himmel und Erde**
**Phantasiereisen für Sucher**
214 Seiten, Paperback
ISBN 978-3-89403-076-6

Klaus W. Vopel
**Das Leben lieben**
**Phantasiereisen, Visualisierungen und Trancen**
157 Seiten, Paperback
ISBN 978-3-89403-074-2

**Für nähere Informationen fordern Sie bitte unser Gesamtverzeichnis an:**

**iskopress**
Postfach 1263
21373 Salzhausen
Telefon 04172/7653
Fax 04172/6355
Email iskopress@iskopress.de
**Internet www.iskopress.de**